MW01575558

KOCHEN MIT KRÄUTERN & GEWÜRZEN

Herausgegeben von der Zeitschrift

Sonderausgabe der Naumann & Göbel Verlagsgesellschaft mbH, Köln
Alle Rechte bei Gruner & Jahr AG & Co, Hamburg
Redaktion: Annegret Stegmann
Titel und Layout: Jürgen Pengel
Grafik: Heike Diem
Rezeptentwicklung: Murmel Schult, Christiane Langohr,
Peter Fürst Lieven, Marion Morawek, Rudolf Steinert
Fotos: Heino Banderob, Thomas Diercks, Richard Stradtmann,
Zefa, Bildarchiv Preußischer Kulturbesitz
Zeichnungen: Hatsumi
Umschlaggestaltung: Rincón Partners, Köln
Satz: Partnersatz GmbH, Hamburg
Lithos: ORD Offset-Reproduktion, Gronau
Gesamtherstellung: Mainpresse Richterdruck, Würzburg
Printed in Germany
Alle Rechte vorbehalten
ISBN 3-625-10890-9

essen & trinken

KOCHEN MIT KRÄUTERN & GEWÜRZEN

INHALT

Gewürze:
4000 Jahre Kampf ums
Monopol **6-7**

Kräuter:
Zaubermittel,
Medizin und
Küchengewürze **8-9**

Kräuter und
Gewürze in
der Küche **10-13**

Anis **14-17**

Basilikum **18-23**

Beifuß **24-27**

Bohnenkraut **28-31**

Borretsch **32-35**

Curry **36-41**

Dill **42-45**

Estragon **46-49**

Fenchel **50-53**

Ingwer **54-57**

Kapern **58-61**

Kardamom **62-65**

Kerbel **66-69**

Knoblauch **70-73**

Koriander **74-77**

Kresse **78-81**

Kümmel **82-85**

Liebstöckel **86-89**

Lorbeer **90-93**

Majoran **94-97**

Meerrettich **98-101**

Minze **102-105**

Muskat **110-113**

Oregano **114-117**

Paprika & Co. **118-123**

Petersilie **124-129**

Pfeffer **130-133**

Pimpinelle **134-137**

Rosmarin **138-141**

Safran **142-145**

Salbei **146-149**

Schnittlauch **150-153**

Senf **154-157**

Thymian **158-163**

Vanille **164-167**

Wacholder **168-171**

Zimt **172-175**

Zitronenmelisse
176-179

Zwiebeln **180-183**

Womit man sonst
noch würzt **184-189**

Rezeptregister **190-192**

GEWÜRZE: 4000 Jahre Kampf ums Monopol

Unsere Küche wäre entschieden ärmer, wenn wir auf Pfeffer, Nelken, Zimt oder Muskat verzichten müßten, alle die Gewürze also, die wir aus exotischen Ländern beziehen. Aber können Sie sich vorstellen, daß man in früheren Zeiten einmal 100 Gramm pures Gold für ein Tütchen Pfeffer bezahlen mußte oder daß ein Mädchen als reiche Partie angesehen wurde, wenn sie einen Sack Gewürznelken als Mitgift bekam?

Diese übertriebene Wertschätzung der exotischen Gewürze hatte einen einzigen Grund: Pfeffer, Muskat oder Zimt waren bei uns in Europa einmal Raritäten. Denn sie kamen aus fernen Ländern, aus Indien, Ceylon und den Molukken, zu denen bis in die Neuzeit hinein kaum ein Abendländer Zugang hatte.

Den hatten nur die arabischen Händler, und die verstanden es, ihr Handelsmonopol zu hüten. Entweder erzählten sie die furchtbarsten Greuelmärchen über die Herkunft der Gewürze: Kassia, so hieß es zum Beispiel, wüchse in sumpfigen, stinkenden Tümpeln, bewacht von scheußlichen fledermausähnlichen Bestien. Oder sie machten falsche geographische Angaben. So machten sie zum Beispiel den Ägyptern weis, Zimt und Weihrauch kämen aus dem Land Punt, das die Altertumsforscher in Südarabien oder Äthiopien vermuten. Punt war aber keineswegs das Herkunftsland, nur ein wichtiger Umschlagplatz für Gewürze. Die Ägypter machten sich schon im 3. Jahrtausend vor Christus auf die Suche nach dem Land der Götter, wie sie Punt nannten. Um 1500 vor Christus, unter der Herrschaft der Königin Hatschepsut, erreichte die erste Flotte endlich ihr Ziel. Das Herkunftsland von Zimt, Kassia und Weihrauch hatten die Ägypter damit zwar nicht gefunden, aber die Expedition zahlte sich aus: Von da an lief der gesamte Gewürzhandel mit den Barbaren im Norden über Theben und Alexandria. Wer in Athen oder Rom Pfeffer, Zimt oder Kassia haben wollte, mußte sie dort zu gepfefferten Preisen kaufen.

Aber Griechen und Römer zahlten willig. Ja, die Köche Roms legten sogar ihre ganze Ehre darein, die Gerichte mit exotischen Spezereien so zu überwürzen, daß niemand mehr erraten konnte, woraus sie ursprünglich bestanden. Außerdem wurden Pfeffer und Zimt auch als Medizin verschrieben und zu Duftessenzen verarbeitet. Die Legionäre Cäsars zum Beispiel parfümierten sich so stark, daß es den Senatoren „stank". Cäsars Antwort darauf ist überliefert: „Meine Soldaten siegen, auch wenn sie parfümiert sind."

1000 Jahre später profitierten dann aber auch die Nachfahren der Römer, vor allem die Kaufleute von Venedig, von dem lukrativen Handel mit den Gewürzen. Infolge der Kreuzzüge kamen nämlich die exotischen Gewürze auch nördlich

Ein Relief am Tempel der ägyptischen Königin Hatschepsut dokumentiert ihre größte Tat: die Expedition ins Land Punt.

Exotische Gewürze waren im Mittelalter Statussymbol. Darum ging man bei Festessen verschwenderisch mit ihnen um.

Marco Polo war im 13. Jahrhundert einer der wenigen Europäer, die China und Indien bereisten.

Die Kaufmannsdynastie der Fugger mußte sich auch dem Preisdiktat der Venezianer beugen.

Die Pracht seiner Paläste verdankt Venedig vor allem dem Gewürzhandel. Auf der Rialtobrücke (auf dem

der Alpen groß in Mode. Die Venezianer machten dabei ein doppeltes Geschäft. Ihre Schiffe brachten die Kreuzfahrer ins Heilige Land und kehrten mit Gewürzen beladen zurück.

Im 15. Jahrhundert war der Gewürzkonsum bei uns schätzungsweise hundertmal so hoch wie heute. Es gab kein Getränk, kein Gericht, das nicht atemberaubend stark gewürzt war, zum Nachtisch wurden dann noch Pfeffer, Nelken oder Muskat kandiert serviert.

Schuld an dieser Würz-Wut war aber nicht allein die Renommiersucht unserer Vorfahren, sie hängt auch mit der trostlosen Ernährungslage in jener Zeit zusammen. Besonders schlimm war es in den Wintermonaten, wenn nichts Frisches auf den Tisch kam, sondern nur Gesalzenes oder Geräuchertes.

Rund 500 Jahre konnten die Venezianer das Gewürzmonopol behaupten, dann ließen sich die aufsteigenden Seefahrer-nationen das Preisdiktat nicht mehr gefallen. Sie suchten nach neuen Wegen, um in die Gewürzländer zu kommen, besonders, nachdem sie in den Memoiren des venezianischen Kaufmanns Marco Polo von den unermeßlichen Schätzen in jenen Ländern gelesen hatten. Die Spanier, unter der Führung von Christoph Kolumbus, versuchten, Indien auf dem Seeweg immer nach Westen zu erreichen. Was Kolumbus nicht wissen konnte: Auf dem Weg von Spanien westwärts nach Indien lag ein riesiger Kontinent, die „Neue Welt." Dort fanden Kolumbus und seine Leute zwar auch Gewürze, zum Beispiel die Chillies, den Piment und die Vanille, aber eben keinen Pfeffer. Das hat Kolumbus nie verwinden können.

Erfolgreicher waren die Portugiesen. Sie machten sich daran, Afrika zu umsegeln, um am Kap der Guten Hoffnung vorbei nach Indien zu kommen. Am 10.

Juli 1499, als Vasco da Gamas Schiffe, erstmals mit Gewürzen aus Indien beladen, in Lissabon eintrafen, war es mit der Herrlichkeit Venedigs vorbei.

100 Jahre danach erorberten sich Holländer und Engländer die Herrschaft über die Meere und damit über den Gewürzhandel. Sie wetteiferten in den folgenden Jahrhunderten um das Gewürzmonopol. Besonders rabiat gingen dabei die Holländer vor: Sie begrenzten rigoros die Anbaugebiete, rotteten alle wild wachsenden Zimt- oder Muskatbäume aus. Jedem Eingeborenen, der eine Muskatnuß pflückte, wurde die Hand abgehackt.

Alles, damit nur keine der kostbaren Pflanzen in feindliche Hände geriet. Letzten Endes war alles umsonst. Den Muskat zum Beispiel verschleppten die Muskatfresser, eine Taubenart, deren Lieblingsfutter Muskatnüsse sind, auf andere Inseln.

Heute werden die exotischen Gewürze überall in den Tropen angebaut, niemand diktiert mehr die Preise, und umgekehrt sind sie auch kein Luxusobjekt mehr. Ein Glück für uns: Wir können, unabhängig von Preis und Prestige, so sparsam oder großzügig mit ihnen würzen, wie es den Gerichten bekommt.

Wie der Zeichner dieser Miniatur glaubten im Mittelalter viele Gelehrte, Pfeffer reife in mohnähnlichen Kapseln.

Portugiesischer Kapitän Hand in Hand mit dem König von Ceylon. So friedlich ging es bei der Kolonisierung selten zu.

Gemälde Canalettos im Hintergrund) wurden die meisten Geschäfte abgeschlossen.

Vasco da Gama war der erste, der mit seinen Schiffen um das Kap der Guten Hoffnung nach Indien segelte.

Auf der „Santa Maria" suchte Kolumbus den Seeweg nach Indien. Er entdeckte Amerika.

KRÄUTER: Zaubermittel, Medizin und Küchenwürze

Unsere einheimischen Kräuter und Gewürze haben eine lange Geschichte, die sich bis in die Jungsteinzeit zurückverfolgen läßt.

Die ersten schriftlichen Überlieferungen datieren aus dem 3. Jahrtausend vor Christi Geburt, und zwar aus dem Zweistromland. Die Assyrer kannten demnach schon eine Reihe von Würzzutaten, die heute noch gebräuchlich sind, zum Beispiel Kardamom, Dill, Safran, Kümmel, Sesam und Thymian. Sie brauchten sie allerdings nicht nur in der Küche sondern auch für Rauchfeuer, mit denen sie die Götter günstig stimmen wollten, für kosmetische Tinkturen, an denen am Hof von Ninive der Bedarf groß war, für Medizin gegen das Altern oder gegen übermäßigen Alkoholgenuß.

Als die Griechen dann die Küsten rund um das Mittelmeer kolonisierten, übernahmen sie diese Traditionen. Die Griechen hatten ein besonderes Verhältnis zu allen duftenden Kräutern. In ihrer von Mythen bestimmten Welt hatte so gut wie jedes Kraut Bezug zu einem Gott. Der Majoran zum Beispiel war der Aphrodite heilig, schließlich hatte er seinen Duft der Tatsache zu verdanken, daß der Fuß der Schaumgeborenen ihn berührt hatte. Und es war nur konsequent, daß man ihm liebesweckende Kräfte zutraute und ihn in magische Liebestränke mixte.

Dies alles hat die Griechen aber nicht daran gehindert, die heiligen Kräuter auch in der Küche zu verwenden, und vor allem auch, ihre Heilwirkung zu erforschen und gezielt einzusetzen. Der Arzt Hippokrates gilt als der erste, der die Heilkraft der Kräuter systematisch erforschte.

Seine Erkenntnisse wären aber sicher in den Wirren der Völkerwanderung verlorengegangen, wenn sich nicht der heilige Benedikt mit seinen Mönchen der Kräutertradition angenommen hätte. Ja mehr noch, als seine Mönche sich anschickten, die Heiden nördlich der Alpen zu bekehren, nahmen sie nicht nur die Bibel mit nach Germanien, sondern auch alle Kräuter.

Welche Kräuter wir ihnen verdanken, das wissen wir genau aus einer Anordnung Karls des Großen, dem „Capitu-

Der griechische Arzt und Philosoph Hippokrates, der um 400 vor Christus lebte, war der erste, der Kräuter systematisch zur Heilung seiner Patienten einsetzte. Er gilt als der Vater der Naturmedizin.

Bis in die Neuzeit hinein war der Aberglaube lebendig, kräuterkundige Frauen seien Hexen und brauten aus Kräutern und Wurzeln Zaubermittel (Wetterhexen, Hans Baldung, 1523).

Der Aphrodite (hier in einer Darstellung von Botticelli) waren viele duftende Kräuter heilig, auch Rosmarin oder Thymian. Als ihr Lieblingskraut galt aber der Majoran.

lare de Villis". Hier sind alle „exotischen" Kräuter aufgeführt, die nicht nur in den Klöstern, sondern auch in den Pfalzen des Kaisers angebaut werden sollten: Salbei, Majoran ebenso wie Thymian und Melisse.

Im späten Mittelalter ging die Tradition der Kräuterkunde von den Klöstern auf die Apotheker in den Städten über. Zu jeder Apotheke gehörte ein Kräutergarten. Für die vielen wilden Kräuter waren die Herren Apotheker aber auf die Kräuterweiblein angewiesen. Und die mischten natürlich selbst auch Wundsalben und Heilessenzen, vor allem aber Liebestränke und Abtreibungsmittel.

Außerdem zogen überall Quacksalber durch die Lande. „Barbierer, Baderknechte, Zahnbrecher, Spinnenfresser, Giftmischer", wurden sie von den gelehrten Apothekern beschimpft.

Aber auch sie selbst waren nicht gefeit gegen mittelalterlichen Aberglauben. So verschrieben sie noch im 15. Jahrhundert zum Beispiel Liebstöckel gegen Hexenzauber oder einen Sirup aus Borretsch, Branntwein und Schießpulver gegen Rückenschmerzen. Wissenschaftlich im modernen Sinne

wurde die Kräuterkunde erst ab 1500. Von da an erschien ein gelehrtes Kräuterbuch nach dem anderen, etwa das „Kreutterbuch" des Hieronymus Bock oder das „New Kreuterbuch" des Leonardo Fuchs.

Sie alle waren nach der Bibel die größten Hits auf dem dank Gutenbergs Erfindung gerade entstehenden Buchmarkt. Jeder gebildete Haushalt hat in jener Zeit ein Kräuterbuch besessen. Und ebenso selbstverständlich gehörte in den folgenden Jahrhunderten hinter jedes Haus ein Kräutergarten mit Küchen- und Arzneikräutern. Mit der Entwicklung der modernen Medizin ist diese gute alte Tradition in Vergessenheit geraten. Und das ist jammerschade. Sicher, ein Antibiotikum hilft im Ernstfall schneller und wirkungsvoller als Extrakte aus Melisse oder Rosmarin, die

noch Pfarrer Kneipp im vorigen Jahrhundert verordnete.

Aber es ist nicht einzusehen, warum man beispielsweise einem Husten nicht mit Salbeitee oder Zwiebelsaft zu Leibe rücken kann. In vielen unserer Kräuter stecken nämlich in minimalen und darum unschädlichen Dosen die Stoffe, die die Pharmakologie chemisch herstellt.

Noch viel weniger ist aber zu verzeihen, daß unsere Ururgroßmütter die Kräuter nicht nur aus der Hausapotheke, sondern auch gleich aus den Kochtöpfen verbannt haben. Zum Glück ist diese kräuterlose Zeit vorbei. Dank sei unseren Nachbarn südlich der Alpen, die ihr Basilikum und ihren Thymian mitbrachten, als sie als Gastarbeiter bei uns heimisch wurden. Damit Sie die neue grüne Fülle auch richtig genießen können, haben wir ein paar der schönsten Kräuter-Rezepte für Sie gesammelt.

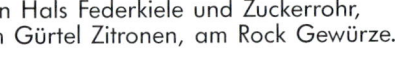

Pfarrer Sebastian Kneipp: in den von ihm entwickelten Heilmethoden spielen Heilkräuter eine entscheidende Rolle.

Im Mittelalter stellte jeder Apotheker die Medikamente, die er dem Kranken verkaufte, selbst her.

Karl der Große förderte in seinem Reich den Anbau von Kräutern, die bis dahin nur im Mittelmeergebiet wuchsen.

Mönche waren die ersten, die neben dem Heilkräutergarten auch einen mit Küchenkräutern anlegten.

Reisender Krämer um 1700. Er trug um den Hals Federkiele und Zuckerrohr, am Gürtel Zitronen, am Rock Gewürze.

Kräuter und Gewürze in der Küche

Der Umgang mit Kräutern und Gewürzen ist ganz einfach, vorausgesetzt, Sie beachten ein paar kleine Regeln.

Der kulinarische Reiz der Kräuter beruht auf dem Duft, der in ihren Blättern steckt. Wie intensiv sie duften können, das zeigt die oft zitierte Geschichte aus Ligurien, Italiens kräuterreichster Provinz: Dort erzählt man sich, daß früher die Seeleute noch hoch auf See, lange bevor Land in Sicht war, schon erkennen konnten, ob sie auf Heimatkurs waren. Sie erschnupperten es am Duft von Basilikum und Thymian, der von der Küste herüberwehte.

Zuallererst hängt der Duft davon ab, wie kräftig die Kräuter sind. Die zarten Treibhaus-Pflänzchen, die das ganze Jahr über im Töpfchen angeboten werden, hätten sicher keinem Seemann den Weg in den Heimathafen weisen können. Entsprechend mager ist auch ihre Würzintensität. Darum sollten Sie möglichst den bundweise angebotenen Kräutern den Vorzug geben.

Und was tut man im Winter, wenn es außer Petersilie, Kresse, Schnittlauch und Dill nur die Töpfchen-Kräuter gibt? Dann verwenden Sie die Kräuter mit kräftigem Aroma wie Thymian, Estragon, Majoran, Salbei oder Rosmarin am besten getrocknet. Und bei den empfindlichen Arten wie Basilikum, Kerbel, Borretsch oder Zitronenmelisse, die getrocknet wie Heu schmecken, müssen Sie sich eben entscheiden: entweder die Töpfchen nehmen, dann aber mindestens die doppelte Menge berechnen, die das Rezept angibt, und nicht enttäuscht sein, wenn's doch nicht so schmeckt wie im Sommer, oder auf die Kräuter ausweichen, die es jetzt bundweise gibt.

Waschen mindert Kräuterduft

Zweite Voraussetzung für den Kräuterduft: Die Pflanzen müssen so frisch wie möglich sein. Kaufen Sie darum keine schlaffen, angewelkten Bunde und verbrauchen Sie sie möglichst schnell. Wenn Sie Ihr eigener Kräutergärtner sind, immer erst unmittelbar vor Gebrauch ernten!

Dritte Voraussetzung: Die Kräuter dürfen nicht naß sein, wenn Sie sie verwenden. Viele Feinschmecker verzichten vor allem bei zarten Kräutern ganz aufs Waschen, weil im Waschwasser ein Teil der

Im Frischhaltebeutel am besten aufgehoben

Je frischer ein Kraut, desto intensiver sein Aroma. Darum sollten Sie die Kräuter sofort nach dem Einkauf in Wasser stellen, auch wenn Sie sie noch am selben Tag verwenden. Dazu sollten Sie immer das Gummiband lösen und die unteren Stielenden abschneiden.

Müssen Sie die Kräuter länger als einen Tag aufbewahren, dann empfiehlt sich folgende Methode: Falls nötig, waschen und vorsichtig trockenschütteln. Dann zupfen Sie die Blätter von den groben Stielen und geben sie in einen Frischhaltebeutel. Den blasen Sie auf, binden ihn zu und legen ihn in den Kühlschrank. Auch die empfindlichen Kräuter wie Basilikum halten sich auf diese Weise ohne allzu große Aromaverluste ein paar Tage.

Am besten mit dem Messer

Am schonendsten für das Kräuter-Aroma: Man zupft die Blätter von den groben Stielen und hackt sie dann mit einem scharfen breiten Messer. Wie fein, das hängt vom Gericht ab. Faustregel: Je feiner Suppe oder Sauce, desto feiner sollten die Blätter zerkleinert sein. In den Mixer oder unter den Schneidstab gehören Kräuter nur, wenn man sie zusammen mit anderen Zutaten zu einer Farce oder einem Püree verarbeiten will.

Welche Kräuter vertragen Hitze?

Nicht alle Kräuter gehören zum gleichen Zeitpunkt an ein Gericht. Solche mit derben, harten Blättern und einem kräftigen Aroma, wie etwa Rosmarin, Salbei, Thymian oder Lorbeer, entfalten ihr Aroma erst durch Hitze. Sie sollten darum von Anfang an mitkochen. Heben Sie sich in jedem Fall aber einen Teil des Krauts auf, um es erst ganz am Ende der Garzeit überzustreuen. Dadurch bekommt das Gericht eine richtig frische Aroma-Wolke. Getrocknete Kräuter sollten Sie dazu vorher etwas zwischen den Händen zerrebeln. Zarte Kräuter wie Borretsch, Kerbel oder Basilikum vertragen Hitze dagegen nicht. Sie gehören darum, am besten ganz zum Schluß, so spät wie möglich an Suppe oder Sauce.

empfindlichen Aromastoffe verlorengeht. Nasse Blätter würden nämlich beim Hacken Wasser ziehen und noch mehr Aroma verlieren.

Vierte Voraussetzung für Kräuterduft: Hacken Sie die Kräuter möglichst erst unmittelbar bevor Sie sie verwenden. Einmal gehackte Kräuter sollten Sie immer mit Frischhaltefolie bedecken, auch wenn Sie sie nur kurze Zeit aufbewahren wollen.

Was die Aufbewahrung angeht, sind die Gewürze weniger heikel. Bei ihnen handelt es sich ja nicht um zarte Blätter, sondern um robustere Pflanzenteile: um Samen, Früchte, Wurzeln oder Rinde. Sie sind außerdem meist getrocknet. (Frischgewürze wie etwa Chillies oder Ingwer behandeln Sie genau wie Gemüse: ins Gemüsefach des Kühlschranks geben und so schnell wie möglich verbrauchen.) Die getrockneten Gewürze lassen sich problemlos bis zu zwei

Jahren ohne Aromaverluste aufheben. Vorausgesetzt, sie sind ganz und nicht gemahlen oder geschrotet. Durch das Zerkleinern werden ihre flüchtigen Aromastoffe dem Sauerstoff ausgesetzt. Gemahlen sind Gewürze darum ähnlich empfindlich wie Kräuter. Gemahlene Gewürze sollten Sie darum, von ein paar Ausnahmen abgesehen, allenfalls für die Weihnachtsbäckerei kaufen. Ausnahmen sind Curry und Paprika, die es ja nur gemahlen gibt. Die sollten Sie nur in kleinen Mengen kaufen. Und spätestens alle sechs Monate den Bestand erneuern. Ungemahlene Gewürze geben ihre Aromastoffe beim Kochen auch nur langsam ab. Darum gehören Nelken, ganze Pfefferkörner, Kümmel oder die Korianderkapsel von Anfang an an den Fond, die Brühe oder das Schmorgericht. Gemahlene Gewürze verhalten sich dagegen auch beim Kochen ähnlich wie Kräuter. Der frisch gemahlene Pfef-

fer oder die frisch geriebene Prise Muskat gehören ganz zum Schluß an das Gericht, sonst nimmt ihnen die Hitze ihren spezifischen Charme.

Jeder Kräuter-Fan ein Kräuter-Gärtner

Obwohl Sie Dill, Schnittlauch oder Petersilie inzwischen das ganze Jahr über frisch bekommen: Es lohnt sich immer noch, seine Kräuter selbst anzupflanzen. Denn kein gekaufter Dill, kein Kerbel duftet so intensiv wie der, den man soeben aus dem Garten geholt hat. Außerdem: Wo kann man schon frische Pimpinelle, frischen Koriander, Estragon oder Borretsch kaufen, außer in den Großstädten und da meist auch nur in Form von mickrigen Treibhaus-Pflänzchen? Ganz zu schweigen von so ausgefallenen Kräutern oder Spezialitäten wie Zitronenthymian oder Ysop, die es auch dort nicht gibt.

Am besten ist es natürlich, wenn man

Licht schadet

Das Aroma eines getrockneten Krauts oder Gewürzes hängt entscheidend davon ab, wie es aufgehoben wird. Und dafür gibt es nur eine Regel: dunkel und luftdicht verschlossen. Gewürzbehälter aus hellem Glas mögen zwar dekorativ anzusehen sein, dem Aroma schadet Licht nur. Auch, wenn Sie die getrockneten Kräuter und Gewürze vorschriftsmäßig aufheben, sollten Sie von Zeit zu Zeit Ihre Bestände erneuern.

Volles Aroma durch Röststoffe

Curry oder Paprika bekommen ein volleres, runderes Aroma, wenn man sie in Fett andünstet. Aber nur sanft, damit sie nicht verbrennen und bitter werden! Dafür gibt es folgenden Trick: Streuen Sie das Gewürz über das schon angebratene Fleisch oder angedünstete Gemüse, ziehen Topf oder Pfanne von der Herdplatte und rühren das Gewürz erst dann unter. Die Hitze ist dann immer noch so stark, daß sich Röststoffe bilden können, aber nicht mehr so groß, daß die Gewürze bitter werden.

Gewürze zerkleinern: kein Problem

Die meisten Gewürze braucht man nicht gemahlen zu kaufen. Denn es ist ganz einfach sie zu zerkleinern. Vanilleschoten schlitzt man längs auf und kratzt das Mark mit der stumpfen Seite des Messers heraus.

Für die Prise Muskat, die über Gemüse oder eine Farce gehört, schafft man sich am besten eine kleine Reibe an. Gewürzkörner wie Piment, Koriander oder Pfeffer kann man grob in einem Mörser zerstoßen oder in einer Gewürzmühle zerkleinern. Die Anschaffung einer Extra-Mühle lohnt sich aber nur für Gewürze, die Sie auch regelmäßig benutzen, vor allem natürlich für Pfeffer. Seien Sie beim Kauf der Mühle nicht knauserig und achten Sie auf ein gutes Mahlwerk, die billigen stehen doch über kurz oder lang unbenutzt in der Ecke, weil sie nichts taugen.

Kräuter und Gewürze in der Küche

den Platz für ein richtiges Kräuterbeet hat. Es muß nicht groß sein, dafür aber sonnig. Nur Pflanzen wie Minze, Estragon, Kerbel, Liebstöckel, Bohnenkraut, Schnittlauch, Sauerampfer, Gartenkresse oder Waldmeister fühlen sich auch im Halbschatten wohl. Alle anderen (z.B. Oregano, Thymian, Majoran, Borretsch, Dill, Beifuß, Salbei oder Rosmarin) brauchen viel Sonne, schließlich stammen die meisten von ihnen aus den Mittelmeerländern. Für so empfindliche Pflanzen wie Basilikum oder Rosmarin sollte der Platz auch windgeschützt sein. Sie gedeihen in unseren Breiten sowieso am besten unter Glas oder auf der Fensterbank. Große Ansprüche an den Boden stellen Kräuter nicht. Er sollte nur durchlässig sein, weil die meisten es eher trocken und luftig an den Wurzeln lie-

ben. Und er sollte entweder mit Kompost oder ersatzweise mit einem guten Naturdünger angereichert sein. (Tun Sie aber nicht des Guten zuviel, sondern richten Sie sich in der Düngermenge genau nach der Gebrauchsanweisung.)
Bis auf wenige Ausnahmen (z.B. echter Estragon oder Minze) lassen sich alle Kräuter aus Samen ziehen. Das ist bei vielen Pflanzen, vor allem mehrjährigen Stauden (wie Oregano, Thymian, Rosmarin, Salbei, Melisse, Schnittlauch, Ysop, Waldmeister, Liebstöckel oder Lavendel), langwierig und schwierig, Sie sollten sie lieber als Jungpflanzen kaufen. Auch von einigen einjährigen (wie Basilikum oder Bohnenkraut) können Sie schneller ernten, wenn Sie gleich kleine Pflanzen in den Boden setzen. Andere einjährige (wie Borretsch,

Kresse, Knoblauch, Koriander, Kümmel, Petersilie oder Portulak) säen Sie ab März direkt aufs Beet, oder noch besser schon im Herbst, dann können Sie schon ganz früh im Frühjahr ernten.
Wenn Sie Pflanzen in den Boden setzen, beachten Sie bitte zweierlei: Erstens sollten möglichst alle Kräuter Sonne bekommen. Darum die größeren in die Mitte, die kleineren an den Rand setzen, zweitens brauchen alle Kräuter Luft. Darum kalkulieren Sie genug Zwischenraum ein.
Wer keinen Extra-Platz in seinem Garten für Kräuter hat, braucht trotzdem nicht auf seinen Thymian oder Majoran zu verzichten. Die meisten sind nämlich so dekorativ, daß sie sich ausgesprochen gut unter reinen Zierpflanzen machen. Majoran, Zitronenthymian oder Ore-

Kräuter als Balkonbepflanzung

Warum immer nur nutzlose Zierpflanzen als Balkonbepflanzung? Mindestens ebenso schön kann ein Balkon voller Kräuter aussehen. Salbei, Thymian, Lavendel, Majoran oder Zitronenmelisse sind mit ihren unterschiedlichen Blattfärbungen und ihrem Duft ausgesprochen dekorativ. Wer's bunt mag, kann zwischendurch, zum Beispiel noch im Frühjahr, Kapuzinerkresse säen.

Kräuter verpflanzen

Wenn Sie so empfindliche Pflanzen wie zum Beispiel Basilikum aus dem Töpfchen umpflanzen wollen, müssen Sie zuerst den Boden gut durchfeuch-

ten, dann jede Pflanze an einem Blatt (nicht am Stiel) anfassen und mit einem Pflanzenetikett die Wurzeln lösen.

Kräuterturm für die Terrasse

Man kann Kräuter auch in der Vertikalen pflanzen. In den Mittelmeerländern gibt es dafür dicke Tonkrüge, die rundherum seitwärts Öffnungen haben. Solch einen Pflanzenturm können Sie sich auch selbst bauen, und zwar aus sehr grobem, festem Maschendraht (100 cm breit, 1,50 cm lang). Den Draht biegt man zu einem Zylinder zusammen und zurrt die losen Drahtenden nach innen fest. Das Innere wird mit einem festen, wasserdichten Material ausge-

kleidet (z.B. mit Dachpappe). Der Turm kommt auf ein dickes Stück Sperrholz (das man auch mit Rollen versehen kann) und wird mit Blumenerde gefüllt. Dann werden Quadrate zwischen dem Draht mit einem scharfen Messer ausgeschnitten, und zwar immer versetzt, damit die Pflanzen hinterher Platz haben. Die Pflanzen leicht schräg einsetzen: niedrige, und aufrecht wachsende Sorten weiter oben, auswuchernde und feuchtigkeitsliebende weiter unten.

Kräuter am Fenster

Kräuter können Sie auch am Fenster ziehen, zum Beispiel in einer Blumenampel. An einem Ost- oder Südwestfenster gedeihen Majoran, Thymian, Basilikum, Rosmarin. Und sie haben bis weit in den Winter hinein Saison.

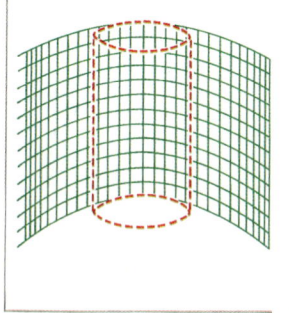
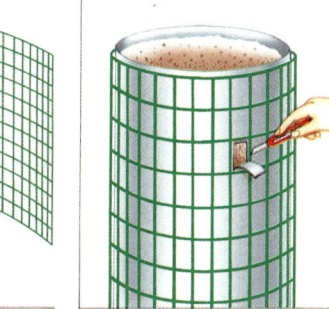

gano bilden dekorative Blattpolster im Steingarten oder als Beeteinfassung. Lavendel, Ysop, Salbei oder Rosmarin nehmen es mit allen Zierpflanzen an Schönheit und Duft auf. Waldmeister oder Kerbel können als Bodenbedecker unter Bäumen dienen, und Angelika, Fenchel, Liebstöckel, Minze oder Estragon passen in jeden Naturgarten. Man muß nur das Vorurteil überwinden, daß ein nützliches Kraut nicht auch schön sein kann. Dasselbe gilt auch für Kräuter auf Balkon, Terrasse oder Fensterbank. Die meisten unserer Küchenkräuter gedeihen auch dort gut. Bei der Auswahl sollten Sie sich auf Pflanzen beschränken, die nicht überdimensional groß werden, eine Liebstöckel-Staude zum Beispiel wäre an einem Fenster fehl am Platze. Alle brauchen zum Gedeihen lockere,

gute Komposterde aus dem Garten, die man mit etwas Torf auflockern kann, oder fertige Balkonerde, die man mit sog. Atmungsflocken aus Kunststoff (ungefähr im Verhältnis eins zu vier) auflockern sollte, damit die Pflanzen luftig und nicht zu naß stehen. Ungefähr ab der 6. Woche nach dem Pflanzen sollten Sie die Kräuter dann regelmäßig mit flüssigem Naturdünger düngen.

Der richtige Zeitpunkt zum Ernten

Ernten können Sie die Kräuter im Garten und auf der Fensterbank, wenn sie kräftig genug sind, daß sie danach wieder neue Triebe entwickeln können. Die Pflanze darf nie so stark berupft werden, daß sie sich hinterher nicht wieder erholen kann.

Von ein paar Ausnahmen abgesehen haben alle Kräuter das meiste Aroma kurz vor der Blüte. Das gilt ebenso für Basilikum wie für Borretsch, Kresse, Kerbel, Petersilie, Minze, Salbei, Oregano oder Thymian. Wenn Sie diese Kräuter nur für den Frischverbrauch ziehen, sollten Sie ihnen darum möglichst immer die Blütenansätze herausknipsen. Wenn Sie die Kräuter für den Winter konservieren wollen, sollten Sie sie kurz vor der Blüte ernten. Kräuter, deren Hauptwürzkraut nicht in den zarten Blättern, sondern in den Blüten steckt, wie zum Beispiel Bohnenkraut, sollten Sie während der Blüte ernten. Bei Majoran, Rosmarin oder Ysop können Sie sich den Erntezeitpunkt aussuchen, sie haben mit und ohne Blüte das gleiche intensive Aroma.

Kräuter in Essig oder in Öl

Einige Kräuter lassen sich gut in Essig oder Öl konservieren. In Öl behält zum Beispiel Basilikum viel von seinem Aroma: gewaschene und getrocknete Basilikumblätter in ein gut verschließbares Glas schichten, mit gutem Olivenöl bedecken, dunkel und kühl aufbewahren. In Öl können Sie auch Minze, Salbei oder Rosmarin einlegen. Estragon bewahrt sein Aroma am besten in Essig. Dazu gibt man ein paar gewaschene und getrocknete Zweige in guten Weinessig. Sie können ihn auch mit anderen Kräutern kombinieren, zum Beispiel mit Melisse und Pimpinelle, mit Dill, Borretsch und Melisse, mit Dill und Basilikum.

Kräuter trocknen

Zum Trocknen eignen sich nur Kräuter mit kräftigem Aroma, zum Bespiel Thymian, Oregano, Rosmarin, Salbei, Minze oder Bohnenkraut. Man bindet die Stengel zu Bündeln zusammen und hängt sie luftig auf. Wenn sie trocken sind (nach ungefähr zwei Wochen) werden die Blätter abgerebelt und luftdicht und dunkel aufbewahrt.

Kräuter in der Tiefkühltruhe

Kräuter wie Kerbel, Basilikum, Petersilie oder Dill können Sie einfrieren. Frische Kräuter waschen, trockenschütteln und auf Küchenpapier abtropfen lassen. Dann fein hacken und in die Fächer des Eiswürfelbehälters füllen. Etwas Wasser daraufgießen und gefrieren lassen. Dann aus dem Eiswürfelbehälter lösen und in Gefrierbeutel füllen. Sie halten sich 6-8 Monate frisch.

In Butter konservieren

Kräuter lassen sich auch in Butter konservieren. Dazu werden feingehackte Kräuter (Dill, Petersilie, Schnittlauch, Basilikum, Melisse) mit Butter, etwas Salz, Pfeffer, Zitronensaft gemischt, zu Rollen geformt und tiefgekühlt (hält sich 6-8 Monate).

ANIS

Im Aroma sind sich Anis und Sternanis zum Verwechseln ähnlich. Damit hören die Gemeinsamkeiten allerdings auch schon auf. Unser herkömmlicher Anis ist der Samen eines einjährigen Doldenblütlers, der auch mit Kümmel und Fenchel verwandt ist: der Pipinella anisum. Anis stammt aus dem östlichen Mittelmeerraum und wurde schon zur Zeit der Pharaonen geschätzt, wie wir aus Gräberfunden wissen. Griechen und Römer verwendeten ihn zum Würzen von Oliven und Schweinebauch und zum Brotbacken, wie wir es übrigens auch heute noch tun. Und die Ärzte verschrieben ihn als Medizin gegen Gallenleiden, Verdauungsstörungen und Husten. Auf diese Weise wird er

auch noch heute in der Naturmedizin angewandt. Im Mittelalter galt er zudem noch als potenzfördernd: „Enyß in Speiß gegessen, bringet Begirde zu ehelichen Werken." Vielleicht sind die gerippten Samen ja darum immer noch ein so beliebtes Würzmittel so vieler alkoholischer Getränke vom Pernod über den Ouzo bis hin zum Rake.
In der Küche wird Anis nur noch selten verwendet, in der Hauptsache in der Weihnachtsbäckerei, zum Brotbacken und für einige Fischsuppen der Mittelmeerküche.
Der Sternanis stammt aus

China. Er ist die getrocknete Frucht des Sternanis-Baumes, des Illicum verum, eines Verwandten unserer Magnolie. Sternanis wird seit jeher in der chinesischen Küche verwendet, zum Beispiel zum Würzen von Geflügel- und Schweinefleisch-Gerichten. Wer stilecht chinesisch kochen will, kommt an den hübschen kleinen Sternen nicht vorbei. Man gibt sie entweder ganz oder nur zackenweise an die Gerichte. Sie passen ausgezeichnet zusammen mit Knoblauch, Ingwer und Sojasauce, den anderen Säulen der chinesischen Würzküche. Sternanis ist auch in den meisten fertigen chinesischen Würzmischungen enthalten, außerdem auch in vielen indi-

schen Currymischungen. In unserer Küche wird er dagegen überhaupt nicht verwendet. Dabei paßt er, genau wie übrigens auch unser Anis, nicht nur ans Gebäck, er schmeckt auch ausgezeichnet an Kompotten, eingelegten Früchten und Marmeladen. Sie sollten ihn zum Beispiel auch mal an Pilzgerichten oder als Würze für Saucen zu Krustentieren versuchen (hier allerdings sparsam dosieren!). Anis und Sternanis sollten Sie dunkel und gut verschlossen aufheben und nach spätestens drei Jahren den Vorrat erneuern.

Hähnchenbrust mit Anis-Erdnuß-Sauce

Für 4 Portionen:
500 g Hähnchenbrustfilet
3 Tl zerstoßener Anis
3 Tl Sojasauce
1 Tl abger. Limettenschale
4 El Öl
2 El ungesüßte Erd-
nußcreme
1/8 l trockener Weißwein
1 Tl Chilipaste
200 g Möhren, 100 g Gurke
250 g Frühlingszwiebeln
(alles in feinen Streifen)
150 g Sojasprossen
100 g Champignons (in
Scheiben), Salz

Hähnchenbrust in Streifen schneiden, mit Anis, Sojasauce und Limettenschale würzen, in 2 EL Öl anbraten, Erdnußcreme, Wein und Chili zugeben.
In einer zweiten Pfanne zuerst die Möhren 2 bis 3 Minuten anbraten, dann das restliche Gemüse zugeben und weitere 5-6 Minuten garen. Das Gemüse soll noch knackig sein. Evtl. mit Salz abschmecken. Mit dem Fleisch anrichten. Als Beilage paßt Reis.
Pro Portion ca. 32 g Eiweiß, 14 g Fett, 13 g Kohlenhydrate = 1487 Joule (357 Kalorien)

ANIS

Tiroler Anisbrot

Für 90-100 Stück:
300 g Mandeln
300 g Mehl
250 g Butter
125 g Zucker
1 Tl abgeriebene Schale einer unbehandelten Zitrone
4 Eigelb
1 Prise Salz
4 El Weißwein
60 g Aniskörner

In einem Topf Wasser zum Kochen bringen. Die Mandeln hineingeben, kurze Zeit aufwallen lassen. Das Wasser abgießen, von den Mandeln die Haut abziehen, die Mandeln über Nacht trocknen lassen. Am nächsten Tag durch die Mandelmühle drehen. Das Mehl auf die Arbeitsfläche schütten, in die Mitte eine Mulde drücken. Die Butter in Flöckchen auf dem Mehlrand verteilen. Zucker, Zitronenschale, Eigelb, Salz, Mandeln und Wein in die Mulde geben. Von der Mitte aus alle Zutaten zu einem geschmeidigen Teig verkneten. Zugedeckt eine Stunde kalt stellen. Backbleche mit Backtrennpapier belegen und die Hälfte der Aniskörner daraufstreuen. Den Teig in drei gleich große Stücke teilen und jedes Stück auf der bemehlten Arbeitsfläche zu einer 50 cm langen Rolle formen. Die Rollen wieder 1 Stunde kalt stellen. Jede Rolle in 30 - 35 Scheiben schneiden und auf die Bleche legen. Mit ein paar Aniskörnern bestreuen. Bei 175 Grad (Gas 2) auf der untersten Einschubleiste 12 - 15 Minuten backen. Die Plätzchen mit dem Papier vom Blech ziehen, auskühlen lassen und in Blechdosen aufbewahren.

Pro Stück (bei 100 Stücken) ca. 1 g Eiweiß, 4 g Fett, 5 g Kohlenhydrate = 229 Joule (54 Kalorien)

Süß-saure Gurkenstreifen mit Sternanis

Ergibt 1 Glas à 1 1/2 l:
2,25 kg Senfgurken
1/4 l einfacher Essig
1 El Salz
1 l Weißweinessig
1 kg Kandiszucker
1 Zitrone (mit unbehandelter Schale)
6 Stückchen Sternanis

Gurken schälen und längs halbieren, die Kerne mit einem Löffel herausschaben. Gurken quer in Streifen schneiden.

Aus 2 l Wasser, dem einfachen Essig und 1 El Salz einen Sud kochen. Die Gurkenstreifen darin portionsweise blanchieren, bis sie glasig geworden sind. Mit einer Schaumkelle herausnehmen und abtropfen lassen.

Weißweinessig und Kandiszucker zum Kochen bringen. Die Zitrone dünn abschälen, die Schale quer in ganz dünne Streifen schneiden. Gurkenstreifen mit dem Sternanis und Zitronenschalenstreifen in ein großes Glas schichten.

Den kochenden Essigsud darübergeben, Glas verschließen.

Am nächsten Tag den Sud abgießen und erneut aufkochen, wieder über die Gurken gießen, Glas verschließen.

Sud noch einmal abgießen und aufkochen, jetzt jedoch abgekühlt über die Gurken gießen.

Glas verschließen, kühl und dunkel aufbewahren, Gurken mindestens 6 Wochen durchziehen lassen.

BASILIKUM

Basilikum hat die Küchen der Deutschen im Sturm erobert. Noch vor 15 Jahren kannte bei uns so gut wie niemand das Kraut mit den zarten, blasigen und so ungemein aromatisch duftenden Blättern. Mit Ausnahme vielleicht von ein paar Fans der Mittelmeerküche, die den Verwandten unserer Minze in Italien kennen- und liebengelernt hatten. Zwar gehört auch Basilikum zu den Kräutern, die Karl der Große aus Italien importieren und in den Klostergärten nördlich der Alpen anbauen ließ. Aber die frommen Mönche interessierten sich für die Kräuter nicht als Küchengewürz, sondern als Medizin. Basilikum galt zum Beispiel als

Heilmittel gegen Unfruchtbarkeit, vor allem aber auch als Medizin gegen Depressionen: „Es benimpt die Traurigkeit, die do kompt von der Melancholey." Aber das Kraut wollte einfach nicht so recht bei uns gedeihen. „Wenn man dieses Kraut hat wollen säen, so hat man dazu müssen übel Flüche und böse Worte sprechen, damit es wachse" vermutete darum ein Kräutergelehrter. Was natürlich ein Aberglaube ist: Basilikum braucht eben nur viel Sonne und Wärme, und das

gibt es bei uns nicht oft genug. Darum wurde das Kraut nie so richtig bei uns heimisch und am Ende ganz vergessen.
Bis in unsere Zeit, wo man nicht nur mal schnell auf ein paar Ferientage an die Riviera reisen und dort entdecken kann, wie gut Spaghetti, Tomaten und Basilikum zusammenpassen. Sondern auch, weil man dank der schnellen Verkehrsverbindung heute auch eine so empfindliche Pflanze wie Basilikum unbeschadet über die Alpen bringen kann. Inzwischen wird Basilikum auch in Gewächshäusern bei uns angebaut und ist das ganze Jahr

über frisch zu haben. Und wenn Sie selbst Basilikum anbauen wollen: Nicht fluchen, sondern die Pflänzchen (aus dem Frühbeet oder einem gekauften Topf) an eine möglichst geschützte sonnige Stelle im Garten setzen oder noch besser an einem sonnigen Platz auf der Fensterbank. Basilikum ist auch in der Küche ein empfindliches Kraut.

- Darum Bund-Basilikum so schnell wie möglich verbrauchen und bis dahin in einem aufgeblasenen Kunststoffbeutel im Gemüsefach des Kühlschranks aufheben.
- Die Blätter nur trocken verarbeiten und erst unmittelbar vor Gebrauch schneiden.
- Nicht zu fein schneiden und nach Möglichkeit nicht mitkochen lassen.

Tomatensalat mit Basilikum-Vinaigrette

Für 4 Portionen:
750 g Tomaten
Salz
Pfeffer a. d. Mühle
2 Bund Basilikum
1 Bund Frühlingszwiebeln
4 El Weißweinessig
1 Tl Zucker
1 El Senf
8 El Öl

Tomaten waschen, die Blütenansätze keilförmig herausschneiden, die Tomaten in Scheiben schneiden und schuppenförmig auf einer Platte anrichten.

Tomaten salzen und pfeffern. Basilikum, wenn nötig, waschen, trockenschleudern und bis auf einige Blätter hacken. Frühlingszwiebeln putzen, waschen, in Scheiben schneiden und über die Tomaten streuen.

Basilikum mit Essig, Pfeffer, Salz, Zucker und Senf verrühren, dann das Öl unterrühren. Die Sauce über die Tomaten verteilen und etwa 10 Minuten durchziehen lassen. Mit restlichen Basilikumblättern garnieren.

Pro Portion ca. 1 g Eiweiß, 25 g Fett, 9 g Kohlenhydrate = 1149 Joule (274 Kalorien)

BASILIKUM

Tomaten-Zucchini-Gemüse mit Basilikum

Für 4 Portionen:
200 g Zwiebeln
500 g Zucchini
50 g Butter oder Margarine
1/8 l Brühe (Instant)
750 g Tomaten
3 Bund Basilikum
Salz
Pfeffer a. d. Mühle
Cayennepfeffer

Zwiebeln pellen und fein würfeln. Zucchini waschen, putzen und in Scheiben schneiden. Zwiebeln in Butter oder Margarine glasig werden lassen.
Zucchini zugeben und andünsten. Mit der Brühe ablöschen und zugedeckt 5 – 10 Minuten garen.
Die Blütenansätze der Tomaten herausschneiden, die Tomaten mit kochendem Wasser überbrühen, abschrecken und häuten. Tomaten vierteln, die Kerne herausdrücken.
Basilikum, wenn nötig, waschen, trockenschleudern und bis auf einige Blätter hacken.
Tomaten und Basilikum zu den Zucchini geben und zugedeckt 3 Minuten mitgaren. Dann mit Salz, Pfeffer und Cayenne herzhaft würzen und mit den restlichen Basilikumblättern garnieren.
Dazu passen Spiegeleier und Kartoffeln oder Meterbrot.
Pro Portion ca. 3 g Eiweiß, 11 g Fett, 11 g Kohlenhydrate = 692 Joule (166 Kalorien)

Grüne Nudeln
mit Basilikum

Für 4 Portionen:
250 g grüne Bandnudeln
Salz
6 Bund Basilikum
2 Knoblauchzehen
50 g Butter
50 ccm Olivenöl
grob zerstoßener schwarzer
Pfeffer
Parmesan (frisch gerieben)

Die Nudeln in reichlich kochendem Salzwasser bißfest kochen. Inzwischen die Basilikumblätter von den Stielen zupfen. Die Knoblauchzehen pellen und in sehr dünne Scheiben schneiden. Butter und Öl nicht zu heiß werden lassen, die Knoblauchscheiben darin glasig dünsten. Die Nudeln abtropfen lassen und mit Knoblauchbutter und den Basilikumblättern mischen. Mit Pfeffer und Parmesan bestreuen und sofort servieren.

Pro Portion ca. 10 g Eiweiß, 24 g Fett, 48 g Kohlenhydrate = 2017 Joule (482 Kalorien)

BASILIKUM

Basilikum-Tarte

Für 16 Stücke:
150 g Mehl
100 g Butter oder Margarine
Salz, 1 Prise Zucker
3 Eier (Gew.-Kl. 4)
Linsen zum Blindbacken
6 Bund Basilikum
1 Bund glatte Petersilie
30 g Pinienkerne
1 Knoblauchzehe
50 ccm Olivenöl
Pfeffer a. d. Mühle
100 ccm Schlagsahne

Das Mehl mit Butter- oder Margarineflöckchen, Salz und Zucker und 1 Ei schnell zu einem glatten Teig verkneten. Den Teig halbieren, jedes Stück kreisförmig ausrollen und in 2 Tarteformen von etwa 20 cm Durchmesser legen. Dabei einen kleinen Teigrand hochdrücken. Teigböden mit einer Gabel mehrfach einstechen und 15 Minuten sehr kalt stellen. Dann mit Pergamentpapier bedecken und mit Linsen belegen. Auf der mittleren Einschubleiste des Backofens bei 200 Grad (Gas 3) 15 Minuten backen, Linsen und Pergament entfernen und die Böden auskühlen lassen.

In der Zwischenzeit die Basilikumblätter und die Petersilie hacken. Die Pinienkerne in einer trockenen Pfanne hellbraun rösten und mahlen. Die Knoblauchzehe pellen und durchpressen. Alles mit dem Öl im Mörser zu einem Pesto verarbeiten. Mit Pfeffer und Salz würzen und auf die Teigböden streichen. Die restlichen 2 Eier mit der Sahne verquirlen, leicht mit Salz und Pfeffer würzen und über die Kräuterpaste gießen. Die Tartes auf die unterste Einschubleiste des Backofens stellen und bei 200 Grad (Gas 3) 20 Minuten backen. Lauwarm servieren.

Pro Stück ca. 3 g Eiweiß, 12 g Fett, 8 g Kohlenhydrate = 702 Joule (167 Kalorien)

Pochiertes Rinderfilet mit Basilikum-Vinaigrette

Für 4-6 Portionen:
1,6 kg Rinderknochen
100 g Möhren
100 g Porree
100 g Petersilienwurzel
100 g Knollensellerie
1 Lorbeerblatt
1 Tl schwarze Pfefferkörner
3 Bund Basilikum
1 kleine Zwiebel
600 g Rinderfilet
schwarzer Pfeffer a. d. Mühle, Salz
70 g rote Zwiebeln
1-2 Knoblauchzehen
2-3 El Weißweinessig
1 Prise Zucker
50 ccm Olivenöl

Rinderknochen heiß abspülen und mit 1 1/2 l kaltem Wasser aufsetzen. Aufkochen lassen und abschäumen. Inzwischen das Suppengrün waschen, putzen und in grobe Stücke teilen. Mit dem Lorbeerblatt, den Pfefferkörnern, den Blättern von einem Bund Basilikum und der halbierten Zwiebel in die Brühe geben. Bei milder Hitze im offenen Topf ca. 1 Stunde kochen. Die Brühe durch ein Sieb geben, noch einmal aufkochen. Das Fleisch von allem Fett befreien, pfeffern, salzen und mit einem Band fest umwickeln, damit es beim Aufschneiden besser zusammenhält. In die kochende Brühe geben und bei milder Hitze ca. 20 Minuten garen. In der Brühe kalt werden lassen, am besten über Nacht.
Dann aus der Brühe nehmen. Die Brühe auf ca. 50 ccm Flüssigkeit einkochen und kalt werden lassen. Rote Zwiebeln und Knoblauch pellen und sehr fein würfeln. Brühe, Essig, Pfeffer, Salz und Zucker und zum Schluß das Öl zu einer Vinaigrette rühren. Ungefähr Zweidrittel der restlichen Basilikumblätter grob hacken und mit Zwiebel- und Knoblauchwürfeln unterrühren.
Das Rinderfilet trockentupfen und in dünne Scheiben schneiden. Das Fleisch sternförmig auf Portionstellern anrichten. Die Vinaigrette darauf verteilen und mit dem restlichen Basilikum servieren.

Pro Portion (bei 6 Portionen) ca. 20 g Eiweiß, 13 g Fett, 1 g Kohlenhydrate = 885 Joule (211 Kalorien)

BEIFUSS

Unsere Vorfahren, die Germanen, verehrten ihn als „Mutter aller Kräuter" und bekränzten sich mit seinen Blütenrispen zum Schutz gegen Dämonen. Unsere Urgroßmütter waren prosaischer: Sie verwendeten das Kraut, das überall wild auf Geröllhalden oder an Wegrändern wächst, als Würze für fette Gerichte. Ähnlich wie sein Verwandter, der Wermut, fördert Beifuß nämlich die Fettverdauung und macht deftige Gerichte bekömmlicher. Ganz im Gegensatz zum Wermut haben die Blütenknospen des Beifuß aber ein mildes Aroma, das wie eine Mischung aus Minze und Wacholder anmutet. Weshalb man auch nur die Knospen zum Würzen verwendet. Wegen dieses mildherben Aromas der Knospen ist es ja auch besonders schade, daß Beifuß bei uns heute als Gewürz fast ganz aus der Mode gekommen ist. Die ganz frischen Blütenrispen bekommt man heute nur gelegentlich auf dem Markt. Ansonsten muß man sich mit den getrockneten Blütenknospen im gängigen Gewürzsortiment begnügen. Aber das ist in diesem Falle kein Hals- oder Beinbruch. Denn das Winterkraut Beifuß schmeckt getrocknet fast ebenso wie frisch. Es schmeckt zu allen fetten Gerichten, vor allem zu Gänse- und Entenbraten, daneben zu Schweinefleisch, Aal, deftigen Eintöpfen oder zu Schmalz. Da es sein Aroma erst durch Hitze entfaltet, gibt man es gleich zu Beginn der Garzeit an die Gerichte. Wegen seines spezifischen Eigenaromas sollte man Beifuß höchstens mit Zwiebel, Pfeffer oder Knoblauch kombinieren.

Gänsekeulen mit Beifuß und Trauben

Für 4-6 Portionen:
4 Gänsekeulen (ca. 2 kg)
Salz, weißer Pfeffer
a. d. Mühle
2 El Beifuß
1/4-3/8 l trockener
Riesling
300 g grüne Trauben
750 g frisches Sauerkraut
2 Tl Wacholderbeeren

Von den Gänsekeulen alles sichtbare Fett zwischen Fleisch und Haut abschneiden und in Würfel schneiden. In einem flachen, schweren Schmortopf bei milder Hitze auslassen. Die Gänsekeulen waschen und mit Küchenkrepp trockentupfen. Mit Salz und Pfeffer einreiben und mit 1 El Beifuß bestreuen. Dann von beiden Seiten langsam goldbraun anbraten. Die Keulen aus dem Topf nehmen. Das ausgebratene Gänsefett vollständig abgießen und beiseite stellen. Den Bratensatz mit knapp 1/8 l Wein losko-

chen. Die Keulen zurück in den Topf geben. Zugedeckt von jeder Seite 45 bis 60 Minuten schmoren. Dabei nach und nach den restlichen Riesling dazugießen.
Inzwischen die Trauben waschen und von den Stielen zupfen. Das Sauerkraut mit den zerdrückten Wacholderbeeren mit 2 El Gänsefett andünsten, dann im geschlossenen Topf 20 Minuten garen (das restliche Fett kann man zum Beispiel für Gänseschmalz verwenden). Das Sauerkraut warm stellen. Die Gänsekeulen aus der Sauce nehmen und zugedeckt eben-

falls warm stellen. Die Trauben und den restlichen Beifuß in die Sauce geben und im offenen Topf bei starker Hitze 4 bis 5 Minuten unter Rühren kochen. Die Sauce mit Salz und Pfeffer abschmecken. Dann das Sauerkraut zugeben und darin wenden. Die Keulen mit dem Trauben-Sauerkraut und Kartoffelpüree servieren.
Pro Portion (bei 6 Portionen) ca. 41 g Eiweiß, 76 g Fett, 14 g Kohlenhydrate = 4175 Joule (999 Kalorien)

BEIFUSS

Sauerfleisch in Beifußgelee

Für 6-8 Portionen:
1,25 kg magerer Schweine-
bauch
500 g Zwiebeln
Salz
1/2 El schwarze Pfeffer-
körner
1/2 El Wacholderbeeren
1 El Senfkörner
3 El Beifuß
1/2 l Weißweinessig
50 g Zucker

Knochen aus dem Bauch-
fleisch herauslösen. Den
Bauch mit Schwarte in
knapp 2 cm dicke Scheiben
schneiden, Scheiben halbieren. Die Zwiebeln pellen und
in Ringe schneiden. Die
Bauchscheiben von beiden
Seiten salzen. Mit den Zwie-
belringen und den Gewürzen
in einen Topf geben. Den Essig mit 3/4 l Wasser und dem

Zucker verrühren und über
das Fleisch geben. Einmal
aufkochen lassen, dann bei
milder Hitze etwa 2 bis 2 1/2
Stunden kochen lassen. Das
gegarte Fleisch in eine flache
Schale geben, den Sud darübergießen. Über Nacht im
Kühlschrank gelieren lassen.
Zu Bratkartoffeln oder defti-
gem Schwarzbrot und Bier
servieren.
Da das Gelee keine Gelier-
hilfe enthält, sollten Sie das
Sauerfleisch unbedingt im
Kühlschrank aufbewahren.
So hält es sich ein paar Tage.
Pro Portion (bei 8 Portionen) ca.
14 g Eiweiß, 47 g Fett, 14 g Kohlenhydrate = 2381 Joule (569 Kalorien)

Kartoffel-Möhren-Pfanne

Für 4 Portionen:
100 g Zwiebeln
750 g Kartoffeln
500 g Möhren
50 g Butter oder Margarine
Salz, Zucker
weißer Pfeffer a. d. Mühle
2 El Beifuß
ca. 1/8 l Brühe
(Suppenpaste)
1 säuerlicher Apfel, z. B.
Boskop (ca. 200 g)

Die Zwiebeln pellen und würfeln. Kartoffeln und Möhren schälen, · waschen und ebenfalls würfeln. Zuerst die Zwiebeln in dem Fett bei milder Hitze ungefähr 5 Minuten glasig dünsten, dann Kartoffeln und Möhren zugeben und alles bei etwas stärkerer Hitze andünsten. Das Gemüse mit Salz, einer Prise Zucker, Pfeffer und Beifuß würzen. Die Brühe zugießen. Zugedeckt bei milder Hitze 15 Minuten garen. Dabei ab und zu vorsichtig wenden. Eventuell noch etwas Brühe zufügen. Den Apfel schälen und vier-

teln, das Kerngehäuse entfernen und das Fruchtfleisch würfeln. Die Apfelwürfel über das Gemüse streuen und zugedeckt weitere 5 Minuten dünsten (die Apfelwürfel sollen nicht zerfallen). Dann mit dem Gemüse mischen und mit Pfeffer abschmecken. Das Gemüse schmeckt gut zu gebratener Grützwurst oder Buletten.
Pro Portion ca. 6 g Eiweiß, 11 g Fett, 44 g Kohlenhydrate = 1290 Joule (308 Kalorien)

BOHNENKRAUT

Nomen est omen. Zumindest was das Bohnenkraut angeht, stimmt diese lateinische Weisheit. Denn kaum ein frisches Kraut paßt so gut zu Bohnengerichten, egal ob es sich nun um zarte grüne Bohnen handelt oder um die derben getrockneten Kerne. Und das nicht nur, weil Kraut und Bohnen im Geschmack so großartig harmonieren. Sondern auch, weil Bohnenkraut ausgesprochen magenfreundlich ist und „das Dauwen im Magen sterkt", wie schon die Kräuterdoktoren des Mittelalters wußten. Und gerade diese

Eigenschaft ist ja besonders bei den getrockneten Bohnen nicht unwichtig.
Aber der Verwandte des Oreganos und des Majorans kann noch viel mehr als nur Bohnen würzen. In seiner Urheimat, im östlichen Mittelmeerraum, ist Bohnenkraut ein Allround-Gewürz. Man würzt mit ihm zum Beispiel Salate auf der Basis von Kartoffeln und Tomaten. Man gibt ihn an Gemüse wie Schmortoma-

ten oder Auberginen, man verwendet ihn zum Würzen von Kartoffel- oder Gemüsesuppen oder von Brühen, man gibt ihn — allerdings sehr sparsam — an Käsesaucen oder Käsegebäck.
Vor allem aber würzt man mit ihm Lammbraten und geschmorte Hammelgerichte, meist zusammen mit Knoblauch und Rosmarin. Warum wir in Deutschland diese vielfältigen Möglichkeiten des Bohnenkrauts nicht kennen? Hauptsächlich wohl, weil bei uns das

Kraut meist getrocknet verwendet wird und nicht frisch. Und das ist sehr schade. Denn durchs Trocknen verliert das Kraut zwar nicht an Geschmacksintensität, dafür aber viel an seiner spezifischen pikanten Frische. Das getrocknete Kraut schmeckt eher derb und wuchtig, darum sollte man es auch nur für deftige Hülsenfruchtgerichte und möglichst nicht für zartes Gemüse nehmen.
Aber Achtung: Auch das junge Kraut ist sehr intensiv und entwickelt sein Aroma erst voll durchs Kochen. Darum sollte man es eher sparsam verwenden.

Kartoffel-Tomaten-Salat

Für 4 Portionen:
500 g Kartoffeln
(fest kochend)
8 El Öl
6 El Brühe (Instant)
4 El Essig
Salz, Pfeffer a. d. Mühle
500 g Fleischtomaten
1-2 Bund Bohnenkraut
150 g Schafskäse

Die Kartoffeln waschen und in der Schale gar kochen. Öl, Brühe und Essig verrühren. Mit Salz und Pfeffer würzen. Die leicht abgekühlten Kartoffeln pellen und direkt in die Sauce scheibeln (nicht zu dünn, damit sie nicht zerfallen). Bei Zimmertemperatur 15 Minuten ziehen lassen. Inzwischen die Tomaten waschen und in Scheiben schneiden, dabei die Stielansätze herausschneiden. Das Bohnenkraut von den Stielen zupfen. Den Schafskäse fein würfeln. Das Bohnenkraut zu den Kartoffeln geben und vorsichtig mischen. Kartoffeln aus der Schüssel heben und mit den Tomatenscheiben auf einer tiefen Servierplatte anrichten. Mit Schafskäse bestreuen. Die restliche Salatsauce mit Salz und Pfeffer nachwürzen und über die Tomaten verteilen. Sofort servieren. Dazu schmecken dünne Schinkenscheiben.

Pro Portion ca. 17 g Eiweiß, 25 g Fett, 24 g Kohlenhydrate = 1720 Joule (411 Kalorien)

BOHNENKRAUT

Frische Bohnensuppe

Für 4-6 Portionen:
250 g getrocknete weiße
Bohnen
(oder frische Palbohnen)
1 kg Schinkenknochen
6 Knoblauchzehen, evtl. Salz
1 kg Porree
2-3 Bund Bohnenkraut
schwarzer Pfeffer
a. d. Mühle

Getrocknete Bohnenkerne über Nacht in 2 1/2 l kaltem Wasser einweichen. Eingeweichte oder frische Bohnen mit dem zerkleinerten Schinkenknochen und dem Wasser langsam zum Kochen bringen. Im offenen Topf bei milder Hitze 1 1/2 Stunden mehr ziehen als kochen lassen, dabei gelegentlich abschäumen. Die Bohnen sollen weich sein, aber nicht zerfallen. Die Knoblauchzehen pellen und längs in dünne Scheiben schneiden, in den letzten 10 Minuten mitziehen lassen. Dann den Schinkenknochen heraus-

nehmen und die Suppe vorsichtig mit Salz abschmecken. Den Porree putzen, gründlich waschen und in Scheiben schneiden. Das Bohnenkraut von den Stielen zupfen. Porree und Bohnenkraut 15 Minuten in der heißen Suppe ziehen lassen, dann mit Pfeffer würzen und servieren.

Pro Portion (bei 4 Portionen) ca. 16 g Eiweiß, 16 g Fett, 47 g Kohlenhydrate = 1824 Joule (435 Kalorien)

Schneidebohnen in süß-saurer Sahne

Für 4 Portionen:
500 g Schneidebohnen
50 g Butter oder Margarine
Salz, 3/8 l Brühe (Instant)
30 g Mehl
1/4 l Schlagsahne
2 Tl Senf, Zitronensaft
1 El Worcestershiresauce
Zucker
2 Bund Bohnenkraut
8 Eier

Die Bohnen waschen, putzen und schräg in 1/2 cm breite Scheiben schneiden. Tropfnaß in 20 g heißer Butter oder Margarine schwenken, salzen und mit 4-6 El Brühe im geschlossenen Topf bei milder Hitze 18 bis 20 Minuten dünsten, dabei gelegentlich rütteln. Die restliche Butter oder Margarine aufschäumen lassen, das Mehl einrühren und gründlich anschwitzen. Mit der restlichen Brühe und der Sahne auffüllen und aufkochen, leicht mit Salz würzen. Bei milder Hitze 15 Minuten kochen, dann mit Senf, Zitronensaft,

Worcestershiresauce und einer guten Prise Zucker pikant abschmecken. Das Bohnenkraut von den Stielen zupfen und unterrühren. Die Eier wachsweich kochen und pellen, auf die Bohnen legen. Die Sauce darüberfüllen und kurz durchziehen lassen. Mit Salzkartoffeln servieren.

Pro Portion ca. 22 g Eiweiß, 43 g Fett, 17 g Kohlenhydrate = 2580 Joule (664 Kalorien)

31

BORRETSCH

Am Borretsch sieht man, wie genau die Gelehrten vergangener Zeiten auch ohne unsere wissenschaftlichen Hilfsmittel die Natur beobachtet und wie richtig sie ihre Heilkräfte eingesetzt haben. Borretsch, so liest man in alten Kräuterbüchern, macht fröhlich und mutig, „er besitzt die Tugend, den Hypochonder zu beleben und den eifrig Studierenden anzufeuern." Neuere Forschungen haben ergeben: Borretsch regt die Adrenalindrüsen an, er wirkt also wirklich stimulierend.

Das üppig wuchernde Kraut mit dem dicken, behaarten Stengel, den runzligen, ebenfalls behaarten Blättern und den leuchtend blauen Sternenblüten ist ursprünglich in Syrien beheimatet, es wächst seit der Römerzeit aber auch bei uns.
Borretsch ist einjährig. Aber wer ihn einmal im Garten gepflanzt oder gesät hat, wird ihn so schnell nicht wieder los. Er sät sich nämlich immer wieder von selber aus.

Borretsch ist ein richtiges Sommerkraut. Man kann die Blätter und die Blüten nur frisch zum Würzen verwenden. Getrocknet verlieren sie ihr ganzes Aroma. Frisch aber schmecken sie angenehm kühl und erfrischend nach Gurke.
Die jungen, zarten Blätter kann man ganz an den Salat geben. Die größeren, haarigen Blätter gibt man gehackt, oder in feine Streifen geschnitten an Salate, vor allem an Gurkensalat (nicht umsonst heißt Borretsch auch Gurkenkraut), aber auch an Tomatensalat oder an grünen Salat. Borretsch schmeckt aber auch — solo oder zusammen mit anderen frischen Kräutern — in Mayonnaisen und

kalten Saucen. In Ligurien, dem Kräutergarten Italiens, wird er besonders häufig verwendet, oft übrigens in der Kombination mit Mangold. Man gibt ihn hier nicht nur an Salate, sondern auch an Füllungen für Ravioli oder an Risotto. Aber nicht nur die Blätter des Borretsch eignen sich zum Würzen, auch die Blüten sind eine milde, würzige und dekorative Zutat an Salaten und vor allem an kühlen Sommergetränken, zum Beispiel an Wein, an Sekt oder an Bowlen. Besonders hübsch: Blüten in Eiswürfel einfrieren lassen, die man in Aperitifs oder Sommerbowlen gibt.

Ligurischer Risotto mit Borretsch

Für 4 Portionen:
100 g Zwiebeln
50 g Rindermark
50 g Butter
250 g Rundkornreis (Avorio)
1/8 l trockener Weißwein
1/2 l Brühe (Instant)
Salz, Pfeffer a. d. Mühle
375 g Mangold
100 g Pinienkerne
1 Bund Borretsch (5-6 große Blätter und ein paar kleine zum Garnieren), 30 g Parmesan (frisch gerieben)

Zwiebeln pellen und fein würfeln. Das Mark würfeln und in der Butter auslassen, dann die Zwiebeln darin goldgelb dünsten. Den Reis zugeben und gut andünsten. Dann den Wein nach und nach zugeben und wieder verdampfen lassen. Zum Schluß die Brühe nach und nach zugießen und immer im offenen Topf etwas einkochen lassen. Den Reis dabei öfter umrühren, damit er nicht anbrennt. Mit Salz und Pfeffer würzen. Inzwischen den Mangold putzen, waschen und grob zerkleinern. Nach 15 Minuten zum Reis geben. Die Herdplatte ausschalten, den Topf zudecken und Reis und Mangold 8 Minuten ziehen lassen. Pinienkerne in einer Pfanne ohne Fett goldbraun rösten. Den Borretsch waschen und trockenschütteln. Grob hacken. Kurz vor dem Servieren unter den Risotto heben. Den Risotto mit Pinienkernen bestreuen und mit den kleinen Borretschblättern garnieren. Mit frisch geriebenem Parmesan servieren. Dazu passen Lammkoteletts.

Pro Portion ca. 21 g Eiweiß, 24 g Fett, 7 g Kohlenhydrate = 1518 Joule (363 Kalorien)

BORRETSCH

Kartoffelsuppe mit Borretsch

Für 4 Portionen:
250 g mehlig kochende
Kartoffeln
80 g Zwiebeln
80 g Staudensellerie
1 Knoblauchzehe
400 ccm Kalbsfond
(aus dem Glas)
1 großes Bund Borretsch
(mit Blüten)
Salz, Pfeffer a. d. Mühle
50 g Butter

Kartoffeln schälen, waschen und in kleine Würfel schneiden. Zwiebeln pellen und fein würfeln. Staudensellerie putzen, waschen und würfeln. Knoblauch pellen und fein hacken. Alles in einen Topf geben, mit Kalbsfond und 200 ccm Wasser aufgießen und zugedeckt 10 Minuten kochen.

Borretschblüten und -blätter von den Stielen zupfen; Blüten beiseite stellen. Die Blätter waschen, trockentupfen und fein hacken. Blätter zur Suppe geben und weitere 5 Minuten kochen.

1/3 der Suppe in eine hohe Schüssel geben, mit dem Schneidstab des Handrührers pürieren und zurück in den Topf gießen. Mit Salz und Pfeffer abschmecken. Die Butter unterziehen.

Suppe anrichten und mit den Blüten bestreuen.

Pro Portion ca. 2 g Eiweiß, 11 g Fett, 10 g Kohlenhydrate = 628 Joule (150 Kalorien)

Gurkenrelish mit Matjesfilets

Für 4 Portionen:
1/8 l Weißweinessig
50 g Zucker
75 g Zwiebeln
1 kleine Salatgurke (350 g)
1 Apfel (150 g)
1 Stück Knollensellerie
(100 g)
2 El Öl
Salz, Pfeffer a. d. Mühle
1 Bund Borretsch
(ca. 6 große Blätter)

Essig und Zucker einmal aufkochen. Zwiebeln pellen und fein würfeln. Gurke schälen, längs halbieren, die Kerne herausschaben. In Stifte, die Stifte dann in kleine Würfel schneiden. Apfel und Sellerie schälen, ebenfalls in kleine Würfel schneiden. Öl heiß werden lassen, zuerst die Zwiebeln darin glasig dünsten, dann Gurke, Apfel und Sellerie dazugeben, gut andünsten. Mit der Essig-Zuckerlösung begießen und bei milder Hitze 5 Minuten kochen lassen. Mit Salz und Pfeffer würzen. Kalt stellen. Dann die Borretschblätter grob hacken und unter die kalte Mischung rühren.

Pro Portion dazu 2 Matjesfilets und neue Kartoffeln reichen.

Pro Portion ca. 1 g Eiweiß, 5 g Fett, 20 g Kohlenhydrate = 576 Joule (138 Kalorien)

CURRY

Curry ist eine speziell für Europäer bestimmte Fertig-Würzmischung, ursprünglich für englische Kolonialbeamte gedacht, die während ihrer Dienstzeit Liebhaber, aber nicht Kenner der indischen Küche geworden waren und nun in England indisch essen wollten. Indische Hausfrauen mischen sich ihre Würzmischungen selber, für jedes Gericht eine andere. Eine solche Mischung kann aus bis zu 30 unterschiedlichen Gewürzen bestehen.

Wir in Europa kennen Curry nur in zwei Varianten, einem milden Curry und einer scharfen Version unter dem Namen Madras-Curry. Allerdings: Die Fertigmischungen, die wir kaufen können, sind in Preis und Qualität sehr unterschiedlich. Unser Tip: Beim Curry nie Billigware kaufen, bei ihr fehlen die feineren aber auch teureren Gewürze. Noch besser: nicht industriell hergestellte, sondern individuell gemischte Currys kaufen. (Die bekommen Sie zum Beispiel unter folgender Adresse: Claire Zurgeissel, Rostocker Straße 2, 2000 Hamburg 1, Tel.: 0 40/ 2 80 27 47.)

Und das sind die wichtigsten Curry-Gewürze:

Koriander mit seinem fruchtigen Aroma bildet die Basis.

Gemahlene Chilischoten und **schwarzer Pfeffer** geben ihm die Schärfe.

Dem **Kurkuma** verdankt er seine gelbe Farbe. Diese dem **Ingwer** verwandte Wurzel hat einen dumpfen, erdigen Geschmack. Billige Curry-Mischungen enthalten zuviel davon.

Nelken, Zimt, Kardamom, Bockshornklee, Kreuzkümmel, schwarzer Senf und **Muskat** gehören ebenfalls an den Curry, und nicht zu vergessen der **Ingwer,** der einem guten Curry die fruchtige Schärfe gibt. An viele Gewürzmischungen in Indien gehört noch **Curryblatt.** Indische Hausfrauen machen sich ihren Curry jeden Tag frisch. Das wäre für uns zu zeitaufwendig. Aber: Je frischer die Gewürzmischung, desto würziger das Aroma. Darum: nur in kleinen Mengen kaufen, dunkel und gut verschlossen aufheben und spätestens nach vier Monaten erneuern.

Curry entfaltet sein Aroma am besten, wenn man ihn in Fett leicht anschwitzt. Aber nur bei milder Hitze, sonst wird er bitter. Am besten den Topf von der Kochstelle nehmen, bevor man Curry unter das erhitzte Fett mischt. Selbstverständlich können Sie zum Schluß noch einmal nachwürzen, falls das Gericht Ihnen noch nicht „hot" genug ist. Und wenn es zu scharf ist: Machen Sie es so wie die indischen Köchinnen und geben noch etwas Sahne zu. Ihr mildes Fett macht den schärfsten Madrascurry für europäische Gaumen genießbar.

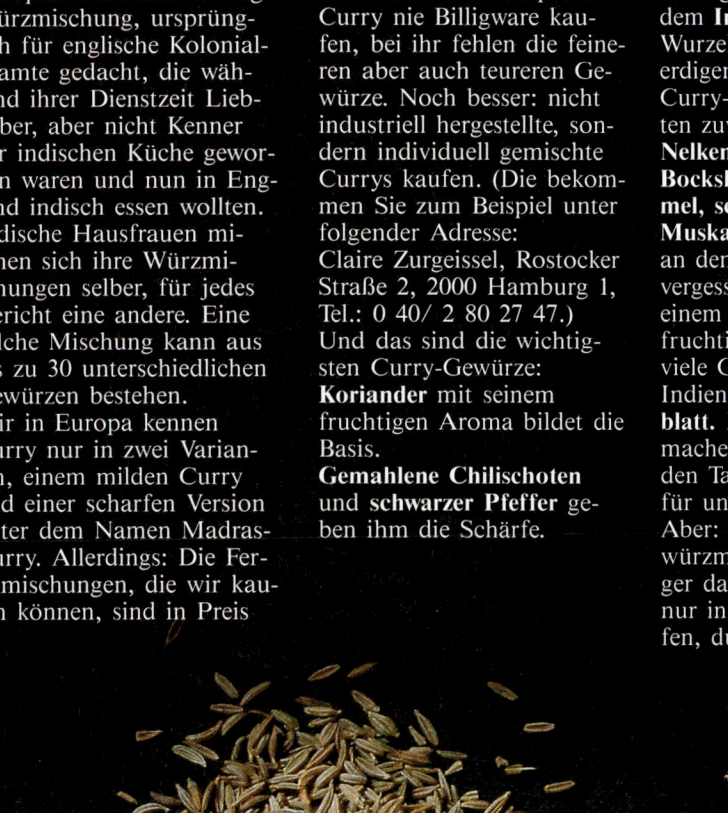

Möhrencurry

Für 4 Portionen:
40 g Rosinen
20 g Korinthen
100 ccm trockener Sherry
800 g Möhren
100 ccm Gemüsebrühe
(a. d. Glas)
1 Zwiebel
1 Bund Petersilie
40 g Mandeln
30 g Butter oder Margarine
40 g Sonnenblumenkerne
2-3 gestr. El mildes Curry-
pulver
Salz, Pfeffer a. d. Mühle

Die Rosinen und Korinthen im Sherry einweichen. Die Möhren waschen, schälen, in kurze Stifte schneiden, in der kochenden Gemüsebrühe 1 Minute blanchieren, abtropfen lassen. Die Brühe beiseite stellen. Die Zwiebel pellen und fein würfeln. Die Petersilie fein hacken. 20 g Mandeln brühen und abziehen. Die Butter oder Margarine in einer Pfanne erhitzen. Abgetropfte Rosinen und Korinthen, alle Mandeln und die Sonnenblumenkerne darin kurz durchschwenken. Das Currypulver darüberstäuben und anschwitzen. Die Möh-

renstifte zugeben, mit Salz und Pfeffer würzen. Die Gemüsebrühe zu den anderen Zutaten in die Pfanne gießen.
Die Möhren auf mittlerer Hitze 3-4 Minuten garen, dabei die Flüssigkeit etwas einkochen lassen. Zum Schluß die Petersilie darüberstreuen und kurz durchschwenken. Zum Möhrencurry einen Salat und Reis servieren.
Pro Portion ca. 7 g Eiweiß, 15 g Fett, 25 g Kohlenhydrate = 1225 Joule (292 Kalorien)

CURRY

Hühnersuppe mit Curry und Kokosmark

Für 4-6 Portionen:
1 küchenfertige Poularde
(1,5-1,7 kg)
30 g frische Ingwerwurzel
100 g Zwiebeln
3 Lorbeerblätter, 3 Tl Salz
2 Limetten
250 g Äpfel
250 g ungesüßtes Kokos-
mark (Reformhaus)
1 El scharfes Currypulver
2 El mildes Currypulver
1 El brauner Zucker
1 Sträußchen Kerbel

Poularde unter fließendem kaltem Wasser innen und außen waschen. 2 1/4 l Wasser mit zerschnittener Ingwerwurzel, gepellten, halbierten Zwiebeln, Lorbeerblättern und Salz zum Kochen bringen. Poularde hineingeben. Hitze zurückschalten. Poularde 45 Minuten sieden lassen, zwischendurch einmal wenden, aus der Brühe nehmen und etwas abkühlen lassen. Brühe durch ein Sieb gießen, auffangen.
1 Limette dünn abreiben und auspressen. Äpfel schälen, vierteln, Kerngehäuse entfernen. Apfelviertel der Länge nach halbieren und quer in dünne Scheiben schneiden. Kokosmark in einem Topf bei milder Hitze schmelzen. Currypulver, Apfelstücke und Zucker zugeben und kurz anschwitzen. Brühe zugießen und zum Kochen bringen. Limettensaft und -schale zugeben. Suppe von der Kochstelle nehmen. Poulardenfleisch von Haut und Knochen trennen und grob würfeln. Fleisch in der Suppe kurz erhitzen. Suppe eventuell nachsalzen. Die zweite Limette in dünne Scheiben schneiden. Kerbel verlesen und waschen.

Hühnersuppe in eine Terrine füllen. Limettenscheiben hineingeben, gezupfte Kerbelblättchen darüberstreuen. Wer mag, kann Reis oder Brot dazu reichen.

Pro Portion (bei 6 Portionen) ca. 69 g Eiweiß, 40 g Fett, 12 g Kohlenhydrate = 2686 Joule (651 Kalorien)

38

Hackfleischbällchen mit Currysauce

Für 4 Portionen
(32 Bällchen):
Fleisch:
2 altbackene Brötchen
3 Knoblauchzehen
1 Zitrone (unbehandelt)
1 Tl Kümmel
250 g Beefsteakhack
500 g gemischtes Hack
Salz, 1 Tl Sambal oelek
(scharfe Chilipaste)
60 g Butterschmalz
Sauce:
100 g Zwiebeln
50 g Butter oder Margarine
1 El scharfes Currypulver

1 El Mehl,
200 g Crème fraîche
Salz, 1 Tl brauner Zucker

Brötchen abreiben, in kaltem Wasser einweichen. Knoblauch pellen und durchpressen. Zitrone dünn schälen, Schale mit dem Kümmel sehr fein hacken. Aus Hackfleisch, gut ausgedrückten und zerpflückten Brötchen, Salz und Sambal oelek einen Fleischteig zubereiten, 1 Stunde kühl stellen.
Für die Sauce Zwiebeln pellen und fein würfeln. Butter oder Margarine in einem Topf erhitzen. Zwiebeln

darin glasig dünsten. Currypulver und Mehl einrühren. Crème fraîche und 200 ccm Wasser zugießen und unter Rühren 6 - 8 Minuten durchkochen, bis das Mehl richtig ausgequollen ist. Sauce mit Salz und braunem Zucker würzen und warm stellen.
Mit nassen Händen aus dem Fleischteig etwa 32 kleine Kugeln formen. In einer großen Pfanne 1/3 des Butterschmalzes erhitzen und 10 Hackfleischbällchen hineingeben und bei mittlerer Hitze 8 bis 10 Minuten braten. Pfanne zwischendurch rütteln, damit die Bällchen von

allen Seiten gleichmäßig bräunen und ihre Form behalten. Gebratene Bällchen im Backofen bei 100 Grad (Gas 1) warm halten. Die restlichen Bällchen nacheinander im restlichen Butterschmalz braten.
Sie werden mit der Currysauce, Reis und Möhren-Zucchini-Gemüse serviert.
Pro Portion ca. 39 g Eiweiß, 75 g Fett, 17 g Kohlenhydrate = 4113 Joule (983 Kalorien)

CURRY

Hähnchencurry mit Cashewkernen

Für 4 Portionen:
500 g Hähnchenbrustfilet
750 g Frühlingszwiebeln
2 Knoblauchzehen
1 kg Spinat
Salz
130 g ungeröstete Cashew-kerne
5 El Öl
3-4 Tl scharfes Currypulver (Madras-Curry)
1/8 l Schlagsahne
1/4 l Hühnerfond (a. d. Glas)

Hähnchenbrustfilets quer in Streifen schneiden. Die Frühlingszwiebeln putzen, waschen und nur die weißen und hellgrünen Blattanteile in 2 cm breite Ringe schneiden. Knoblauch pellen.
Spinat gründlich waschen, tropfnaß in einem großen Topf mit etwas Salz erhitzen, bei geschlossenem Deckel zusammenfallen lassen, ab-gießen, ausdrücken und grob hacken.
Die Cashewkerne auf dem ungefetteten Backblech im vorgeheizten Backofen auf der 2. Einschubleiste von un-ten bei 200 Grad (Gas 3) in 10 - 12 Minuten rösten. 100 g davon grob hacken, die an-deren ganz zurücklassen.
Das Öl in einer großen Pfanne erhitzen, den durch-gepreßten Knoblauch darin anschwitzen. Hühnerfleisch, Cashewkerne und Curry zu-geben, unter Wenden 5 - 6 Mi-nuten anbraten, mit Sahne und Hühnerfond aufgießen. Frühlingszwiebeln untermi-schen, in 3 - 5 Minuten ga-ren, salzen, gehackten Spinat unterheben und heiß werden lassen. Mit den restlichen Cashewkernen bestreuen und servieren. Dazu schmeckt Butterreis.

Pro Portion ca. 44 g Eiweiß, 21 g Fett, 34 g Kohlenhydrate = 1484 Joule (355 Kalorien)

Bananen-Kalbfleisch-Spieße auf Curryreis

Für 4 Portionen:
1 kleines Kalbsfilet (400 g)
2 reife Bananen
Salz, schwarzer Pfeffer
a. d. Mühle
8 dünne Scheiben durch-
wachsener Speck (120 g)
80 g Zwiebeln
250 g Langkornreis
100 g Butter oder Margarine
50 g Rosinen
1/4 l Brühe (Instant)
20 g Butterschmalz
3 El mildes Currypulver

Kalbsfilet der Länge nach in 4 gleich große Scheiben schneiden. Bananen abziehen und der Länge nach halbieren. Fleisch salzen und pfeffern und 3 bis 4mal der Länge nach mit einem Spieß durchstechen und über die ganze Länge des Spießes auseinanderziehen. Jeweils eine halbierte Banane auf eine auseinandergezogene Fleischscheibe legen und mit je 2 Speckscheiben umwickeln. Die Speckscheiben an beiden Enden mit kleinen Holzspießchen feststecken. Zwiebeln pellen, fein würfeln. Reis unter kaltem Was-

ser abspülen. 50 g Butter oder Margarine in einem Topf schmelzen. Reis, Zwiebeln und Rosinen kurz darin anrösten, mit der Brühe auffüllen und zum Kochen bringen. Topf zudecken, Reis bei milder Hitze etwa 20 Minuten ausquellen lassen, bis die gesamte Flüssigkeit völlig aufgesogen ist.
Kurz bevor der Reis fertig ist, die Kalbfleischspieße in Butterschmalz auf jeder Seite 5 bis 6 Minuten braten.
Das restliche Fett in einem Topf aufschäumen und das Currypulver unterrühren, dann unter den Reis mi-

schen. Reis auf vorgewärmten Tellern anrichten und jeweils einen Spieß darauflegen. Vor dem Servieren die kleinen Spießchen entfernen.
Pro Portion ca. 50 g Eiweiß, 46 g Fett, 71 g Kohlenhydrate = 3571 Joule (853 Kalorien)

DILL

Dill ist eins der wenigen Kräuter, das auf eine lange Küchentradition zurückblicken kann. Zwar wurden auch alle anderen Kräuter, die wir heute kennen, schon im Altertum und Mittelalter geschätzt, aber nicht wegen ihres Geschmacks, sondern als Medizin. Dill aber wurde von Kräuterdoktoren ebenso verwendet wie von Köchen: Die Mediziner empfahlen ihn zum Beispiel gegen Blähungen, Mundgeruch und Hundebiß, die Köche in Ritterburgen und Patrizierhäusern nahmen ihn zum Einlegen von Gurken und Weißkohl und zum Würzen von Gemüse. Dill, sein botanischer Name ist Anethum graveolens, wächst zwar so gut wie überall in Europa, Bedeutung in der Küche hat er aber vor allem im Norden, Osten und Südosten Europas, während man ihn im Westen und Südwesten seltener benutzt. Mit Dill würzt man helle Sahnesaucen für Fisch, besonders Aal, Krebse und Krabben, man gibt ihn auch an Krebssud, an Graved Lachs, Mayonnaisen und Salatsaucen für Fisch- und Eiersalate und für Gurkensalate. Er paßt aber auch an jeden anderen frischen grünen Salat, zu jungen Kartoffeln ebenso wie zu Schmorgurken, Schmortomaten und Zucchini. Wichtig: Man darf ihn nicht mit anderen Kräutern mit ähnlich spezifischem Eigengeschmack kombinieren. Er verträgt sich nur mit Allerweltsgewürzen wie Zwiebeln, Petersilie oder Knoblauch.

Dill ist ein anspruchsloses Gartengewürz, das ab April im Garten an jedem einigermaßen sonnigen Platz gedeiht. Dill kann man inzwischen aber auch das ganze Jahr über frisch kaufen.
Es besteht darum keine Notwendigkeit, ihn getrocknet zu verwenden (getrocknet schmeckt er nämlich wie Heu). Tiefgefrieren bekommt ihm aber ausgezeichnet. Darum sollten Sie im Winter lieber auf tiefgefrorenen ausweichen, wenn der frische beim Händler unansehnlich aussieht.
Das zarte Dillgrün sollten Sie niemals lange kochen, dadurch verliert es an Geschmack. Die Dillstengel sind dagegen viel robuster. Sie ergeben ein angenehmes Aroma, wenn man sie in Suppen oder Fonds für Saucen von Anfang an mitkochen läßt.

Kasseler-Schmorgurken-Eintopf

Für 4 Portionen:
1 kg Schmorgurken
250 g Zwiebeln
2 El Öl
1 kg Kasseler
(ohne Knochen)
30 g Mehl
1/8 l Brühe (Instant)

Gurken schälen, halbieren und die Kerne mit einem Löffel herauskratzen. Gurken in Scheiben schneiden. Zwiebeln pellen, würfeln und im heißen Öl glasig dünsten. Die Gurkenscheiben zugeben und ebenfalls andünsten.

Das Fleisch in Streifen schneiden und zu den Gurken geben. Mehl darüberstäuben, kurz anschwitzen

hacken. Crème fraîche unter den Eintopf rühren, mit Salz und Pfeffer würzen und zum Schluß mit dem Dill bestreuen.

Pro Portion ca. 50 g Eiweiß, 87 g Fett, 15 g Kohlenhydrate = 4482 Joule (1072 Kalorien)

DILL

Dill-Kartoffeln

Für 4 Portionen:
1 kg Kartoffeln
2 Zwiebeln
50 g Butter, 40 g Mehl
1/2 l Brühe (Instant)
1/4 l Schlagsahne
2 Bund Dill, Salz
Pfeffer a. d. Mühle
4 Scheiben Graved Lachs
(à 80 g)

Kartoffeln schälen, waschen und würfeln. Zwiebeln in kleine Würfel schneiden.
Beides in der Butter glasig dünsten. Mehl darüberstäuben und anschwitzen.
Brühe unter Rühren zugießen und einmal aufkochen lassen. Dann die Sahne zugießen, alles zugedeckt unter gelegentlichem Rühren 15 bis 20 Minuten garen.
Dill hacken und zu den Kartoffeln geben. Mit Salz und Pfeffer kräftig würzen. Mit dem Graved Lachs servieren.
Pro Portion ca. 21 g Eiweiß, 49 g Fett, 43 g Kohlenhydrate = 3008 Joule (718 Kalorien)

Gemüse im Dillsud

Für 1 1/2 l:
400 g Möhren
400 g Zwiebeln
2 Salatgurken (ca. 800 g)
1 l Weinessig
500 g Zucker
1 Stück getrocknete Ingwer-
wurzel
4 Zimtstangen, 3 El Senf-
körner
5 Bund Dill

Die Möhren schälen, wa-
schen und in nicht zu dünne
Scheiben schneiden. Die
Zwiebeln pellen und längs in
dicke Spalten schneiden. Die
Gurken schälen, längs halbieren, die Kerne herauskratzen, das Fruchtfleisch in 1
cm dicke Scheiben schnei-
den. Essig mit Zucker, Ingwer, Zimt und Senfkörnern
aufkochen, das Gemüse
darin 10 Minuten kochen.
Abkühlen lassen. Dill
hacken und unterrühren.
Das Gemüse in Twist-off-
Gläser füllen. Gläser fest
verschließen und kühl ge-
stellt aufbewahren. Als Bei-

lage zu gebratenem Fleisch
servieren. Hält sich 3-4
Wochen.

Insg. ca. 14 g Eiweiß, 3 g Fett,
371 g Kohlenhydrate = 6521 Joule
(1558 Kalorien)

ESTRAGON

Er ist ein Emporkömmling unter den Gewürzen. Seine Geschichte läßt sich nämlich nur bis zu den Kreuzzügen zurückverfolgen. Und was ist das schon im Vergleich etwa zum Kümmel, der auf eine 5000jährige Tradition zurückblicken kann? Vor 800 Jahren brachten ihn französische Kreuzritter allem Anschein nach aus Kleinasien mit nach Südfrankreich.

Dann aber ging es steil bergauf mit seiner Karriere. Immerhin avancierte er zum Starkraut in der klassischen französischen Küche. Er ist ein Muß bei den fines herbes, der feinen französischen Kräutermischung, und ohne ihn wäre eine Béarnaise undenkbar. Und das mit gutem Grund. Denn Estragon hat ein duftiges Sommeraroma, das wie eine exquisite Mischung aus Waldmeister und einem Hauch von Anis wirkt. (Aber passen Sie auf, wenn Sie Estragonstauden für Ih-

ren Garten kaufen: Nur der französische Estragon hat dieses feine Aroma. Russischer Estragon, der oft angeboten wird, hat zwar den Vorzug, robuster zu sein, schmeckt aber viel derber und leicht bitter.) Estragon ist das klassische Gewürz für feine weiße Saucen, zum Beispiel zu Huhn oder Kaninchen. Er schmeckt aber auch manchmal zu dunklem, kräftigem Fleisch. Er schmeckt gut an Gemüse wie Steinpilzen oder Zucchini, aber auch an einem grünen Salat. Als Hauptgewürz verträgt er keine anderen Kräuter mit spezifischem Eigengeschmack neben sich. Sparsam angewendet gibt er

aber vielen anderen Kräutermischungen einen Hauch feiner Küche. Nicht zuletzt darum ist er so beliebt als Essig- und als Senfwürze. Inzwischen kann man ihn fast das ganze Jahr über frisch kaufen (im Winter in Töpfchen), aber auch getrocknet hat er ein angenehmes Aroma. Es ist nicht ganz so frisch und duftig wie das des frischen Krauts. Frischer Estragon ist im Aroma je nach Jahreszeit sehr unterschiedlich. Wo man etwa im Frühling reichlich zwei Eßlöffel frischer Blätter braucht, kann im Sommer schon die Hälfte mehr als genug sein. Und denken Sie beim Dosieren daran: Er entfaltet sein Aroma so richtig erst bei Hitze. Darum besser zuerst immer nur Minimengen an das Gericht geben und lieber einmal mehr abschmecken.

Lammrücken-Filet mit Estragon-Butter-Sauce

Für 4 Portionen:
1 Stück Lammrücken
(ca. 1,2 kg)
150 g Zwiebeln
Salz, Pfeffer a. d. Mühle
30 g Butterschmalz
60 g Butter
1-2 El Estragonblätter
1/2 El Speisestärke
Estragonessig

Die Lammrückenfilets vom Knochen lösen. Die Knochen zerhacken. Von den Rückenfilets Haut, Fett und Fleischreste abschneiden. Die Zwiebeln pellen und vierteln. Knochen, Haut, Fett, Fleischreste und Zwiebeln in einem heißem Bräter rundherum 10 Minuten kräftig anbraten, dann auf die mittlere Einschubleiste des Backofens stellen und bei 225 Grad (Gas 4) 30 Minuten anrösten. Dann Knochen, Fleischreste und Zwiebeln in einen Topf umfüllen, Haut- und Fettreste wegwerfen und das flüssige Fett abgießen. Die Röststoffe im Bräter mit 11/4 l Wasser loskochen, dann zu den Knochen gießen und im offenen Topf etwa 11/2 Stunden auf gut 1/4 l Fond einkochen lassen. Durch ein feines Haarsieb abgießen und 10 Minuten kühl stellen. Dann entfetten. Die Lammrückenfilets rundum mit Salz und Pfeffer einreiben und im heißen Butterschmalz von jeder Seite ca. 6 Minuten braten. In Alufolie wickeln und warm stellen. Das Butterschmalz abgießen, 20 g Butter in der Pfanne schmelzen und die Estragonblätter darin andünsten. Die Speisestärke mit 1 El Wasser anrühren, die Sauce damit binden. Den Topf vom Herd nehmen und die restliche Butter in Flöckchen einschwenken. Die Sauce abschmecken und mit 1 bis 2 Spritzern Estragonessig würzen. Das Fleisch in Scheiben schneiden und mit der Sauce zu Butterkartoffeln und grünen Bohnen oder mit Broccoli servieren.

Pro Portion ca. 40 g Eiweiß, 84 g Fett, 4 g Kohlenhydrate = 4079 Joule (975 Kalorien)

ESTRAGON

Gefüllter Tortenbrie

Für 8-10 Portionen:
1/4 Tortenbrie (ca. 600 g)
50 g Pistazienkerne
50 g Kürbiskerne (Re-
formhaus)
200 g Doppelrahmfrischkäse
(z. B. Brillat-Savarin)
1/4 l Schlagsahne
Pfeffer a. d. Mühle
1-2 El gehackter frischer
Estragon
Estragonzweige zum
Garnieren

Den Tortenbrie wie eine Torte in der Mitte auseinanderschneiden. Von den Pistazien und den Kürbiskernen je 1 El zum Garnieren beiseite stellen, den Rest durch die Mandelmühle drehen. Den Frischkäse mit der Sahne und etwa 3/4 der gemahlenen Kerne verrühren, mit Pfeffer herzhaft würzen und mit dem gehackten Estragon mischen, 15 Minuten kühl stellen. Etwa 3/4 der Mischung auf die untere Hälfte des Bries streichen, die obere Briehälfte daraufsetzen und mit der restlichen Frischkäse-Mischung bestreichen. Mit den restlichen gemahlenen Kernen bestreuen, mit Pistazien, Kürbiskernen und Estragonzweigen garnieren. Kühl gestellt aufbewahren.

Etwa 1 Stunde vor dem Servieren aus dem Kühlschrank holen und bei Zimmertemperatur stehenlassen.

Pro Portion (bei 10 Portionen) ca. 18 g Eiweiß, 32 g Fett, 3 g Kohlenhydrate = 1628 Joule (389 Kalorien)

Kalte Estragon-Gurken-Suppe

Für 6 Portionen:
1 Salatgurke (ca. 500 g)
1 Schalotte
1/2 l kräftige, entfettete
Fleischbrühe (kalt)
1-2 El frischer Estragon
1 Tl Estragonsenf
1 Tl Estragonessig
200 g Crème fraîche
2 El Olivenöl, Salz
100 g Krabbenfleisch
2 Tl Schale von
unbehandelter Zitrone
Estragonblättchen zum
Garnieren

Die Salatgurke waschen, ein paar dünne Scheiben für die Garnitur beiseite legen, die restliche Gurke schälen, längs halbieren und die Kerne herausschaben. Das Gurkenfleisch würfeln, die Schalotte pellen und würfeln. Die Fleischbrühe vollständig entfetten, den Estragon hacken. Gurke, Schalotte, Fleischbrühe, Estragon, Senf, Essig, Crème fraîche und das Olivenöl mit dem Schneidstab des Handrührers oder im Mixer pürieren. Mit Salz abschmecken und kalt stellen. Vor dem Servieren noch einmal mit dem Schneidstab des Handrührers durch die Suppe gehen, dann mit Gurkenscheiben, Krabben, Zitronenschale und Estragonblättchen garnieren und servieren.

Pro Portion ca. 5 g Eiweiß, 17 g Fett, 3 g Kohlenhydrate = 791 Joule (189 Kalorien)

FENCHEL

Bei uns wird er in der Hauptsache als Babytee verwendet.
Leider hat man darüber aber vor allem vergessen, daß er daneben auch ein interessantes Gewürz ist, das einigen Gerichten der Mittelmeerküche ein spezifisches Etwas geben kann. Fenchelsaat ist der Samen einer mehrjährigen, bis zu 2 Meter hohen Staude, die im Mittelmeergebiet überall wild wächst und die mit dem Gemüsefenchel ver-

wandt ist. Wie Gemüsefenchel schmeckt Fenchelsaat auch, nur intensiver, süßlicher, aber nicht so frisch. Im Mittelmeergebiet hat der Fenchel übrigens eine sehr lange Tradition: Schon im alten Ägypten wurde er nachweislich häufig benutzt. Und später im antiken Rom verschrieben ihn die Ärzte gegen mehr als 200 Krankheiten, gegen Husten und Wassersucht ebenso wie gegen Verdauungsbeschwerden und Kurzsichtigkeit. Im römischen Reich wurde Fenchel daneben auch immer als Ge-

würz geschätzt. Das gilt übrigens auch heute noch. Im italienischen Raum werden die Fenchelblüte und die Fenchelsaat vor allem zum Kochen von Fisch und von Krustentieren verwendet, daneben auch für Saucen, die zum Fisch oder zu Krustentieren serviert werden. Außerdem würzt man mit Blüte oder Saat Porchetta, die Spezialität aus

Umbrien. Porchetta ist ein Spanferkel, das mit viel Knoblauch, Rosmarin und Fenchel gewürzt und im Ofen gebacken wird. Man kann sie scheibenweise in Mittelitalien an jeder Straßenecke kaufen. Daneben ist Fenchelsamen ähnlich wie Anis ein ausgezeichnetes Gewürz für Brot und Gebäck (besonders gut: Fenchelbrot zu Krustentieren!). Und er gibt zum Beispiel Pilzen ein überraschend neues Aroma.

Fenchel-Nuß-Brot

Für ein Brot von ca. 1 kg:
250 g Roggenmehl
(Type 1370)
500 g Weizenmehl
(Type 1050)
60 g Hefe
1 Tl Zucker
100 ccm Öl
Salz
1 El Fenchelsaat
100 g Walnußkerne
Mehl zum Bestäuben

Roggen- und Weizenmehl in einer Schüssel mischen. Die zerbröckelte Hefe und den Zucker in 400 ccm lauwarmem Wasser auflösen. Eine Mulde ins Mehl drücken, die angesetzte Hefe hineingießen, mit Mehl vom Rand bedecken.
Öl, Salz, grob gehackte Walnußkerne und Fenchelsaat an den Mehlrand geben. Von der Mitte aus alles zu einem elastischen Teig verkneten. Zur Kugel formen und zugedeckt bei Zimmertemperatur 45 Minuten gehen lassen. Danach den Teig sehr kräftig zusammenkneten. Wieder zur Kugel formen und zugedeckt weitere 10 Minuten gehen lassen.
Den Teig noch einmal zusammenkneten und zum Laib formen. An der Oberseite mit einem scharfen Messer mehrfach einritzen. Auf ein mit Mehl bestäubtes Backblech legen. Auf der 2. Einschubleiste von unten bei 200 Grad (Gas 3) 25 bis 30 Minuten backen. Auf einem Kuchengitter auskühlen lassen.

Insgesamt ca. 112 g Eiweiß, 162 g Fett, 570 g Kohlenhydrate = 18447 Joule (4407 Kalorien)

FENCHEL

Spanferkelkeule mit Fenchel

Für 6-8 Portionen:
1 Spanferkelkeule
(ca. 2 kg; oder Schweine-
schulter oder -keule)
1 Knoblauchzehe
1 El Fenchelsaat
Salz, Pfeffer a. d. Mühle
2 Zweige Rosmarin
1 kg Kartoffeln

Die Schwarte des Bratens kreuzweise mit einem sehr scharfen Messer tief einritzen. Die Knoblauchzehe pellen und in dünne Stifte schneiden. Den Braten rundherum damit spicken. Dazu mit einem kleinen Küchenmesser sehr tief ins Fleisch stechen und die Stifte an der Klinge entlang ins Fleisch schieben. Den Braten rundherum mit Fenchelsaat bestreuen und mit Salz und Pfeffer würzen. Dann auf die Schwartenseite in einen entsprechend großen Bräter legen. 1 l Wasser angießen und die Rosmarinzweige dazulegen. Auf die 2. Einschubleiste von unten setzen.

Bei 200 Grad (Gas 3) 1 Stunde braten. Dann die Keule umdrehen und weitere 1 1/2 bis 1 3/4 Stunden braten. Zwischendurch die Röststoffe mit einem Backpinsel von den Wänden des Bräters lösen.
Inzwischen die Kartoffeln gründlich unter fließendem Wasser abbürsten und längs vierteln. In der letzten 3/4 Stunde in den Bratensaft legen und mitgaren.
Dazu passen grüner Salat und Weißwein.
Pro Portion (bei 8 Portionen) ca. 41 g Eiweiß, 51 g Fett, 23 g Kohlenhydrate = 3204 Joule (765 Kalorien.)

Lauwarme Champignons mit Fenchel

Für 4 Portionen:
750 g rosa Champignons
2 El Olivenöl
40 g Butter
2 Tl Fenchelsaat
Salz, Pfeffer a. d. Mühle
2-3 El Zitronensaft
1 Bund glatte Petersilie

Die Champignons putzen, kurz waschen (oder trocken mit Küchenpapier abreiben) und trocknen.

Olivenöl und Butter in einer großen Pfanne nicht zu stark erhitzen. Fenchelsaat einstreuen. Die Pilze mit dem Hut nach unten in das heiße Fett legen, mit Salz und Pfeffer bestreuen. Etwa 3 Minuten braten, dann kurz durchschütteln. Mit dem Zitronensaft beträufeln. Die Pfanne vom Herd nehmen. Die Petersilie waschen, trockenschütteln und grob hacken. Über die Pilze streuen. Kurz schwenken und noch ein paar Minuten durchziehen lassen. Mit Knoblauchbrot als Vorspeise oder als Beilage servieren.

Pro Portion ca. 5 g Eiweiß, 14 g Fett, 6 g Kohlenhydrate = 170 Joule (712 Kalorien)

INGWER

Der weise Konfuzius liebte ihn wie kein anderes Gewürz. Jede Mahlzeit, die der chinesische Religionsstifter zu sich nahm, mußte mit Ingwer gewürzt sein. Ingwer gehört zu den vielen pikanten Gewürzen, deren Heimat der südostasiatische Raum ist. Was wir als Gewürz gebrauchen, ist übrigens der Wurzelstock einer ca. ein Meter hohen Staude mit schilfartigen Blättern und lilienähnlichen Blüten. Diese Ingwerknolle oder -wurzel kann man inzwischen auch bei uns frisch kaufen, aber auch getrocknet (als ganze Wurzel oder gemahlen) und in Zuckersirup eingelegt. Eingelegt verwendet man Ingwer hauptsächlich für fernöstlich angehauchte Desserts. Gemahlenen Ingwer sollte man vor allem für Gebäck verwenden (er gehört zum Beispiel in viele Gewürzmischungen für Weihnachtsgebäck). In allen anderen Fällen sollten Sie der frischen Ingwerwurzel den Vorzug geben. Denn frisch schmeckt Ingwer wesentlich würziger und fruchtiger als getrocknet und gemahlen.

Sein Nachteil: Die Wurzel hält sich nicht unbegrenzt lange frisch, maximal drei Wochen kann man sie im Kühlschrank ungeschält aufheben. Und so wird Ingwer verwendet: Man schneidet von der Knolle ein Stück ab und schält es. Wer hinterher nicht auf Ingwerstücke beißen will, kann die geschälte Wurzel auf der feinen Seite der Haushaltsreibe reiben. Oder man kann sie grob hacken und die Stücke durch eine gut gereinigte Knoblauchpresse drücken. Noch einfacher: Man schneidet die Wurzel in Scheiben, die man vor dem Servieren aus dem Gericht herausnimmt. Ingwer sollte man in jedem Fall mitkochen lassen und, falls nötig, am Schluß noch einmal nachwürzen. Und zwar nicht nur des Geschmacks wegen. Ingwer enthält nämlich ein Ferment, das zum Beispiel Fleisch besonders zart macht.

Aber Achtung: Ingwer ist ein Gewürz, das mit viel Fingerspitzengefühl verwendet werden muß. Ingwer hat nämlich nicht immer dieselbe Würzkraft. Die Schärfe der Wurzel differiert je nach Dicke und Alter: Je älter, dicker und grobfasiger Ingwer ist, desto schärfer ist er im Geschmack. Ingwer schmeckt zu fruchtigen Desserts, besonders, wenn sie Äpfel und Bananen enthalten: zu Obstsalat, zu Kompott, aber auch an Bratäpfeln oder Obstkuchen. Er gehört an süß-sauer eingelegten Kürbis, an Chutneys, an süß-saure Salate wie zum Beispiel Möhren-, Gurken- oder Reissalat. Er ist eines der wichtigsten Gewürze der indonesischen wie der chinesischen Küche, wo man ihn oft zusammen mit Sojasauce, Sherry und Knoblauch verwendet.

Schweinefilet in Ingwer-Marinade

Für 4 Portionen:
20 g frischer Ingwer
2 Knoblauchzehen
3 El Sojasauce
1/2 Tl schwarzer Pfeffer
(grob geschrotet)
2 El Sherry
1 El Honig
600 g Schweinefilet
(2 Stücke)
2 El Öl
300 g Möhren
250 g Sojasprossen
1 Bund Schnittlauch, Salz

Den Ingwer schälen, die Knoblauchzehen pellen. Beides sehr fein würfeln. Ingwer und Knoblauch mit Sojasauce, Pfeffer, Sherry und Honig verrühren, bis sich der Honig gelöst hat. Die Schweinefilets häuten und mit der Marinade in einen Gefrierbeutel geben. Den Beutel so weit zudrehen und verschließen, daß die Filets ganz von Marinade bedeckt sind. Kühl stellen und mindestens 1 Stunde ziehen lassen, dann aus dem Beutel nehmen. Die Gewürze abschaben und in die Marinade zurückgeben. Dann die Fi-

lets in dem heißen Öl von allen Seiten bei starker Hitze goldbraun anbraten. Filets in Alufolie wickeln und noch 5 Minuten nachziehen lassen. Während das Fleisch in der Alufolie ist, die Möhren schälen, waschen und in sehr dünne Stifte schneiden. Die Sojasprossen gut waschen und abtropfen lassen. Welke Teile abknipsen. Den Schnittlauch waschen und in lange Röllchen schneiden. Das Bratöl wieder stark erhitzen. Zuerst die Möhren darin unter ständigem Rühren 2 Minuten braten, dann die Sojasprossen zugeben

und weitere 2 Minuten braten. Die Marinade zugießen und alles einmal aufkochen. Mit Salz abschmecken und mit Schnittlauch bestreuen. Das Fleisch aufschneiden und mit dem Gemüse servieren. Dazu paßt körniger Reis.

Pro Portion ca. 31 g Eiweiß, 20 g Fett, 10 g Kohlenhydrate = 1505 Joule (360 Kalorien)

INGWER

Ananas-Ingwer-Konfitüre

Ergibt 1,1 l:
1 Ananas (ca. 1,5 kg)
ca. 800 g Gelierzucker
50 g frischer Ingwer
(brutto)

Den Schopf von der Ananas abschneiden, die Frucht vierteln. Den Mittelstrunk von den Vierteln abschneiden, das Fruchtfleisch aus der Schale lösen und abwiegen. Die gleiche Menge Gelierzucker plus 10 % (z. B. bei 750 g Fruchtfleisch 75 g dazurechnen = 825 g) abwiegen. Fruchtfleisch kleinschneiden und mit dem Schneidstab vom Handrührer noch etwas zerkleinern, mit dem Gelierzucker vermischen. Ingwer dünn abschälen, dann fein reiben und unter das Fruchtfleisch rühren. Alles abgedeckt 3 bis 4 Stunden stehenlassen. Danach zum Kochen bringen. Vom Kochen an gerechnet genau 4 Minuten sprudelnd kochen lassen. Falls nötig, zwischendurch abschäumen. Konfitüre noch heiß in saubere Gläser füllen, Gläser sofort verschließen.

Hummerkrabben mit Ingwer und Frühlingszwiebeln

Für 4 Portionen:
12 rohe Hummerkrabben
20 g frischer Ingwer
2 Bund Frühlingszwiebeln
2 El Sojasauce
5 El Weißwein
1/2 El Speisestärke
2 El Öl, Salz

Die Hummerkrabben so schälen, daß die Schwanzflossen dranbleiben. Das untere Drittel der Krabben mit der Schwanzflosse abschneiden. Den Rest längs halbieren, den Darm entfernen. Den Ingwer schälen und in dicke Scheiben schneiden. Die Frühlingszwiebeln putzen, waschen und schräg in Scheiben schneiden. Dabei etwa ein Drittel vom Grün mitverwenden. Sojasauce, Weißwein und Speisestärke in einer Tasse verrühren. Das Öl in einem Wok oder einer großen Pfanne sehr heiß werden lassen. Zuerst die Hummerkrabben unter Rühren etwa 1/2 Minute braten, leicht salzen. Die Frühlingszwiebeln und den Ingwer zugeben. Alles unter Rühren bei starker Hitze ca. 2 Minuten braten. Die Sojamischung zugießen und unter Rühren einmal aufkochen. Dann sofort zu Reis und Kroepoek (knuspriges indonesisches Krabbenbrot) servieren.

Pro Portion ca. 19 g Eiweiß, 7 g Fett, 13 g Kohlenhydrate = 763 Joule (182 Kalorien)

KAPERN

Wußten Sie, daß Kapern eingelegte Blütenknospen sind? Wenn Sie eine der kleinen olivgrünen Bällchen vorsichtig mit den Fingerspitzen auseinanderdrücken, kann man die Blütenblätter und Staubgefäße erkennen. Kapern wachsen am Kapernstrauch, einem anspruchslosen, dornigen Strauch, der überall in den Mittelmeerländern auf steinigem, trockenem Boden gedeiht.

Kapern müssen in mühsamer Handarbeit gepflückt werden. Danach werden sie leicht angetrocknet, durch Sieben nach Größe sortiert und in Salzlake eingelegt. Roh schmecken sie nämlich überhaupt nicht.

Kapern können Sie in unterschiedlichen Größen kaufen, die kleinsten sind ungefähr so groß wie Pfefferkörner, die größten so wie Erbsen. Die kleinsten, die sog. Nonpareilles, gelten als die feinsten: Sie haben den mildesten Geschmack, sind

aber auch die teuersten. Dann kommen die immer noch sehr kleinen und feinen Surfines oder Capucines, danach die mittelgroßen und schon kräftig schmeckenden Fines, danach die bereits ziemlich großen Mifines und zum Schluß die größten, die Communes oder Capotes. Sie sind ausgesprochen herzhaft im Geschmack. Wenn man die Kapernknospen nicht pflückt, sondern sie am Strauch läßt, werden sie zu kleinen weißen oder rosa Blüten, die wie winzige Rosen aussehen. Und aus ihnen entwickelt sich eine länglich ovale Frucht, die wie eine grünliche Mini-Aubergine aussieht. In Essig und Öl eingelegt schmeckt sie säuerlich würzig und

ziemlich scharf. Man ißt sie in den Mittelmeerländern als Beilage, zum Beispiel auf einem Vorspeisen-Teller. Seit kurzer Zeit kann man sie auch bei uns kaufen. Kapern halten sich im geschlossenen Gefäß ungefähr ein Jahr. Ist das Glas einmal angebrochen, so sollten Sie darauf achten, daß die restlichen Kapern mit Lake bedeckt sind: Ohne Flüssigkeit verderben sie nämlich schnell. Auch die Flüssigkeit eignet sich übrigens zum Würzen, vor allem von Saucen. Aber aufgepaßt: Kapern und ihre Flüssigkeit

sind salzig. Darum mit Salz immer vorsichtig sein! Am besten das Gericht noch einmal kurz vor dem Servieren abschmecken. Lange Kochzeiten vertragen die Kapern nicht. Darum gibt man sie erst ganz zum Schluß an warme Gerichte. Kapern passen zu vielen süß-säuerlichen abgeschmeckten Gerichten, zum Beispiel zu Hühnerfrikassee, zu Kalbfrikassee, Fischragout und Königsberger Klopsen. Man gibt sie auch in helle Saucen zu gedünstetem Fisch. Sie schmecken aber auch an vielen Salaten, zum Beispiel am Eiersalat, an Thunfisch- oder Reissalat.

Hähnchenkeulen in Kapern-Tomaten-Sauce

Für 4 Portionen:
4 Hähnchenkeulen
(ca. 850 g)
Salz, Pfeffer a. d. Mühle
2 El Öl
150 g Zwiebeln,
1 Knoblauchzehe
150 g Möhren, 150 g Sellerie
1/8 l Rotwein
1/2 Dose Tomaten (250 g EW)
Cayennepfeffer, Zucker
100 g Kapern

Die Hähnchenkeulen waschen und trocknen. Von beiden Seiten mit Salz und Pfeffer einreiben, dann im Öl von beiden Seiten nicht zu scharf anbraten. Zwiebeln und Knoblauch pellen. Die Zwiebeln würfeln, den Knoblauch fein hacken. Beides zu den Hähnchenkeulen geben und zugedeckt 10 Minuten dünsten, dabei die Hähnchenkeulen ab und zu wenden. Möhren und Sellerie putzen, waschen und fein würfeln, ebenfalls zugeben und zugedeckt weitere 10 Minuten dünsten. Dabei nach und nach den Rotwein an das Gericht gießen. Die Tomaten grob zerpflücken und (ohne den Saft) zugeben. Mit Cayennepfeffer und Zucker würzen. Dann den Deckel abnehmen und die Flüssigkeit 10 Minuten einkochen lassen.

Die Hähnchenkeulen dabei ab und zu wenden. Zum Schluß die Kapern unterrühren und 5 Minuten in der Sauce ziehen lassen.

Die Hähnchenkeulen zu Baguette und Rotwein servieren.

Pro Portion ca. 34 g Eiweiß, 10 g Fett, 13 g Kohlenhydrate = 1408 Joule (336 Kalorien)

KAPERN

Eier in Kapern-Schnittlauch-Sauce

Für 4 Portionen:
50 g Butter oder Margarine
30 g Mehl, 1/4 l Milch
1/4 l Brühe (Suppenpaste)
2 Tl Senf, 75 g Kapern
1 Bund Schnittlauch
100 g Crème fraîche
1 Prise Salz
1 Prise Zucker
6 - 8 Eier

Die Butter oder Margarine in einem Topf aufschäumen lassen. Das Mehl unterrühren und kurz durchschwitzen. Dann die Milch und Brühe unter ständigem Rühren mit dem Schneebesen zugießen. Die Sauce einmal aufkochen. Dann bei milder Hitze zugedeckt 15 bis 20 Minuten kochen. Dabei ab und zu umrühren. Mit Senf, den Kapern mitsamt ihrer Flüssigkeit und dem in Röllchen geschnittenen Schnittlauch würzen. Die Crème fraîche unterrühren. Die Sauce zum Schluß mit Salz und Zucker abschmecken. Warm halten. Die Eier ca. 8 Minuten kochen, abschrekken, pellen und in die Sauce geben. Mit Salzkartoffeln servieren.

Pro Portion ca. 19 g Eiweiß, 36 g Fett, 14 g Kohlenhydrate = 2222 Joule (513 Kalorien)

Seeteufelfilet mit italienischem Bohnengemüse

Für 4 Portionen:
250 g getrocknete weiße
Bohnen
Salz
750 g Tomaten
100 g Zwiebeln
1 Knoblauchzehe
1 Sardellenfilet (in Öl)
1 Bund glatte Petersilie
6 El Olivenöl, 30 g Kapern
600 g Seeteufelfilet
Zitronensaft
Pfeffer a. d. Mühle
1 El Mehl

Die weißen Bohnen kurz abspülen, dann über Nacht in 1 l kaltem Wasser einweichen. Die Bohnen im Einweichwasser und zugedeckt bei milder Hitze 60 - 75 Minuten garen, mit Salz würzen und weitere 5 Minuten ziehen lassen, dann abgießen und abtropfen lassen.

Inzwischen aus den Tomaten die Stielansätze keilförmig herausschneiden, Tomaten brühen, kalt abschrecken, häuten, halbieren, entkernen, das Fruchtfleisch würfeln.

Zwiebeln und Knoblauch pellen. Zwiebeln längs halbieren, quer in halbe Ringe schneiden. Knoblauch durch die Presse drücken. Sardellenfilet abspülen, trocknen und mit dem Messer zerreiben. Die Petersilie grob hacken.

3 El Öl in einer Pfanne nicht zu stark erhitzen. Sardellenpaste darin verrühren. Zwiebeln und Knoblauch zugeben und glasig dünsten. Tomatenwürfel und 20 g Kapern zugeben, die Bohnen vorsichtig unterrühren. Das Gemüse ohne Deckel leise 3 Minuten kochen lassen. Die Petersilie unterziehen und noch einmal abschmecken.

Das Seeteufelfilet in Medaillons schneiden, mit Zitronensaft, Salz und Pfeffer würzen, in Mehl wenden, überschüssiges Mehl abklopfen.

Das restliche Öl erhitzen. Die Medaillons darin von jeder Seite 3 Minuten sanft braten, anschließend auf dem Bohnengemüse anrichten und mit den restlichen Kapern bestreuen.

Pro Portion etwa 38 g Eiweiß, 18 g Fett, 38 g Kohlenhydrate = 1977 Joule (468 Kalorien)

KARDAMOM

Schweden, Inder und Saudi-Araber, so verschieden sie sonst sind, haben eines gemeinsam: ihre Vorliebe für die kleinen, kantigen, wohlriechenden Samenkörner der Kardamomstaude. Mit botanischem Namen heißt sie Elettaria cardamomum, stammt aus dem indischen Raum und ist eine nahe Verwandte des Ingwer. Beim Gebrauch des Kardamoms werden allerdings die nationalen Unterschiede deutlich. In seiner Urheimat Indien verwendet man Kardamom in der Hauptsache für salzige Gerichte. Kardamom ist ein wichtiger Bestandteil indischer Gewürzmischungen, auch unseres Currys. In Saudi-Arabien würzt man mit Kardamom vor allem den heißgeliebten Kaffee. Versuchen Sie es auch einmal und geben eine Kardamomkapsel in Ihre Kaffeekanne. In Schweden dagegen verwendet man ihn in der Hauptsache zum Würzen von Kuchen und für den unvermeidbaren Schwedenpunsch. In den anderen europäischen Ländern, zum Beispiel auch bei uns, ist Kardamom ein selten verwendetes Gewürz, man braucht ihn in der Hauptsache in der Weihnachtsbäckerei.

Das sollte sich ändern. Denn Kardamom kann unvergleichlich würzig schmecken, zum Beispiel auf dem Obstkuchen, im Kompott, in der Schlagsahne für Obstsalat, aber auch in Fleischpasteten, an Hackbällchen, in orientalischen Lammragouts oder Reisgerichten. Er paßt gut zu Gewürzen wie Koriander, Muskat oder Ingwer. Aber machen Sie es wie die Hausfrauen in Indien: Kaufen Sie Kardamom möglichst ungemahlen, gemahlen gehört er nur an Gebäck. Bei Bedarf können Sie die Kapseln im Mörser zerstoßen. Vom Kardamom können Sie die Kapseln kaufen, in denen noch der Samen sitzt, oder die ausgedroschenen Samen. Indische Hausfrauen bevorzugen die Kapseln, die ganz an die Gerichte kommen und vor dem Servieren entfernt werden.

Falls Sie Schwierigkeiten haben, außerhalb der Weihnachtszeit bei Ihrem Lebensmittelhändler ungemahlenen Kardamom zu kaufen: Ihr Apotheker führt Kardamom bestimmt.

Apfel-Pflaumenkuchen mit Kardamom

Für 8 Stücke:
6 El Öl
600 g säuerliche Äpfel
350 g Backpflaumen ohne
Stein
2 gute Prisen gem.
Kardamom, 125 g Zucker
1 Pk. Vanillezucker
3 Eier (Gew.-Kl.2)
150 g Mehl, 1/4 l Milch
30 g Mandelblättchen
1/4 l Schlagsahne

Eine Pieform (26 cm Durchmesser) mit 1 El Öl ausfetten. Äpfel schälen und in dünne Spalten schneiden, Pflaumen vierteln. Obst in die Form geben. Backofen auf 225 Grad (Gas 4) vorheizen.
Eine gute Prise Kardamom, Zucker, Vanillezucker, restliches Öl, Eier und Mehl zu einem Teig verarbeiten. Zuletzt die Milch zufügen. Den Teig über das Obst gießen. Form auf die 2. Einschubleiste von unten stellen und 35-40 Min. backen. Nach 30 Min. die Mandeln überstreuen. Sahne steif schlagen, mit Karda-

mom würzen. Zum lauwarmen Kuchen servieren.

Pro Stück ca. 8 g Eiweiß, 25 g Fett, 68 g Kohlenhydrate = 2252 Joule (483 Kalorien)

KARDAMOM

Hühnerpilaw

Für 4 Portionen:
300 g Langkorn-Reis, Salz
700 g Hähnchenbrustfilet
200 g Zwiebeln
2 Knoblauchzehen
30 g Ingwerwurzel, 1/8 l Öl
15 Gewürznelken
4 Lorbeerblätter
12 Kardamomkapseln
2 Tl frisch gemahlene Korianderkörner
1/2 Tl Cayennepfeffer
1 Becher Sahnejoghurt (150 g)
150 g Crème double
250 g weiße und 250 g blaue Weintrauben

Den Reis mit 1/2 l heißem Salzwasser aufsetzen, zum Kochen bringen und bei milder Hitze 5 Minuten zugedeckt garen, von der Herdplatte nehmen und ausquellen lassen.
Hähnchenbrustfilet von Fett und Sehnen befreien, in Stücke schneiden. Zwiebeln und Knoblauch pellen. Zwiebeln fein würfeln. Knoblauch pressen. Ingwerwurzel schälen und reiben.
Öl in einer Pfanne erhitzen. Nelken, Lorbeerblätter und Kardamomkapseln für 1-2 Minuten dazugeben, damit das Aroma an das Öl abge-

geben wird. Dann das Öl durch ein Sieb gießen und wieder in die Pfanne zurückgießen. Das Hühnerfleisch darin unter Wenden goldbraun braten und herausnehmen. Dann Ingwer, Zwiebeln und Knoblauch hineingeben und goldbraun braten. Zum Schluß Koriander und Cayenne kurz mitdünsten. Mit Joghurt angießen, salzen und etwas einkochen lassen. Hühnerfleisch wieder hineingeben, 1/8 l Wasser zugießen, nochmals salzen und bei milder Hitze zugedeckt weichschmoren. Crème double unterrühren.

Von der Kochstelle nehmen. Backofen auf 150 Grad (Gas 1 - 2) vorheizen. Das Hühnerfleisch mit der Sauce unter den vorbereiteten Reis mischen. Den Pilaw mit geschlossenem Deckel ca. 30 Minuten im Ofen schmoren. In der Zwischenzeit die Trauben waschen, halbieren und entkernen. Den Reis auf eine vorgewärmte Platte geben, mit den Trauben umlegen.
Pro Portion ca. 52 g Eiweiß, 47 g Fett, 89 g Kohlenhydrate = 4264 Joule (1019 Kalorien)

Lebküchle

Für ca. 60 Stück:
175 g Mandeln
30 g Orangeat
2 Eier (Gew.-Kl. 2)
200 g Zucker, 3 Tl Zimt
1 Messerspitze Nelken
(gemahlen)
1/2 Tl Kardamom
1 Tl abgeriebene Zitronen-
schale, 1 Prise Salz
100 g Mehl, ca. 60 Oblaten
(4 cm Durchmesser)
75 g Puderzucker
2 El Zitronensaft
1 Tl abgeriebene Zitronen-
schale
20 g Pistazien

Die Mandeln durch die Mandelmühle drehen. Das Orangeat fein würfeln. Eier und Zucker mit dem Handrührer schaumig rühren. Die gemahlenen Mandeln, Zimt, Nelkenpulver, Kardamom, Zitronenschale, Salz und Orangeatwürfel dazugeben und unterheben. Dann das Mehl dazugeben und so lange unterheben, bis ein glatter Teig entsteht. Die Oblaten auf die Backbleche legen. Mit zwei Teelöffeln Häufchen abstechen und auf die Oblaten setzen. Mit den Händen den Teig noch ein wenig in eine runde Form drücken. Die Plätzchen noch ca. 10 Minuten ruhenlassen. Dann im vorgeheizten Backofen bei 175 Grad (Gas 2) 15-20 Minuten backen. Die Lebkuchen auf einem Kuchengitter auskühlen lassen. In der Zwischenzeit aus Puderzucker, Zitronensaft und Zitronenschale den Guß bereiten. Die Pistazien hacken. Die Lebkuchen mit dem Guß bestreichen und mit Pistazien bestreuen.

Pro Stück ca. 1 g Eiweiß, 2 g Fett, 9 g Kohlenhydrate = 147 Joule (34 Kalorien)

KERBEL

Kerbel ist das allerbeste, das Sie sich im Frühling antun können. Denn er ist außerordentlich reich an Vitaminen, wirkt kreislaufanregend und entschlackend. Vor allem aber: mit seinem würzig-pikanten, an Fenchel erinnernden Geschmack gibt junger Kerbel Suppen, feinen Saucen und Salaten die richtige Frühlingswürze.

Das feine Kerbelaroma entfaltet sich besonders gut in sahnigen Suppen und Saucen, in einer Bechamel ebenso wie in einer Hollandaise. Diese Saucen schmecken zu Fisch, aber auch zu zartem Fleisch wie Geflügel oder Kalb, zu Eiern und zu jungem Ge-

müse, zum Beispiel zu Möhren, Kohlrabi oder Kartoffeln. Kerbel würzt aber auch einige deftigere Gerichte wie Kartoffel- oder Tomatensuppe (in diesem Fall verwendet man ihn anstatt Petersilie) und frische Frühlingssalate.
Das einjährige Kraut verträgt sich übrigens gut mit anderen Frühlingsgewürzen, nicht umsonst gehört es zu den ‚fines herbes', der Kräutermischung aus der feinen französischen Küche (zusammen mit Petersilie,

Schnittlauch und Estragon) und zu den sieben Kräutern der Frankfurter Grünen Sauce. Sehr intensive Kräuter wie Basilikum oder Thymian erschlagen aber sein zartes Aroma. Kerbel verliert durch langes Kochen einen Großteil seiner spezifischen pikanten Frische. Darum nie lange mitkochen lassen und möglichst einen Teil des gehackten Krauts erst gegen Ende der Garzeit an das Gericht geben. Das anspruchslose Kraut schmeckt am besten, wenn die Stiele ca. 10 cm lang sind. Darum sollten Kräutergärtner es ab März in Folgesaaten alle 14 Tage aussäen. Und noch ein Tip: Wenn die letzte Saat im September erfolgt, können Sie im nächsten Jahr schon ab März jungen Kerbel ernten.

Frühlingsomelett

Für 2 Portionen:
50 g Kerbel
150 g Kohlrabi
200 g Zuckerschoten
1 Bund Frühlingszwiebeln
4 Eier (Gew.-Kl. 2)
Salz
40 g Butter
1 Prise Zucker
100 g Mascarpone
1 El mittelscharfer Senf
1 Tl Zitronensaft
Pfeffer a. d. Mühle
1 Eigelb

Kerbel verlesen, waschen und trockenschleudern. Blätter von den Stielen zupfen. Kohlrabi schälen, vierteln und die Viertel quer in dünne Scheiben schneiden. Zuckerschoten waschen, putzen und schräg halbieren. Frühlingszwiebeln putzen und waschen, weiße und hellgrüne Teile schräg in 2 cm breite Streifen schneiden. Kerbel bis auf ein paar Blättchen zum Garnieren fein hacken.

Die Eier in eine Schüssel schlagen und mit Salz und einem Drittel des gehackten Kerbels gut verschlagen.

Kohlrabi, Zuckerschoten und Frühlingszwiebeln mit 20 g Butter und 5 El Wasser in einen Topf geben, mit Salz und Zucker würzen und im geschlossenen Topf 5 - 6 Minuten garen.

Mascarpone mit Senf und Zitronensaft verrühren und langsam erwärmen. Mit Salz und Pfeffer würzen. Das Eigelb mit dem Schneebesen unterrühren. Zum Schluß den restlichen gehackten Kerbel untermischen.

Die restliche Butter in einer großen Pfanne (oder in zwei kleinen Pfannen von 24 cm Durchmesser) erhitzen. Die verschlagenen Eier hineingeben und bei milder Hitze stocken lassen.

Jetzt das Gemüse zum Abtropfen in einen Durchschlag geben. Das Omelett auf einen vorgewärmten Teller gleiten lassen und übereinanderklappen. Das Gemüse dazugeben, die Sauce angießen, mit den zurückbehaltenen Kerbelblättern garnieren und sofort servieren.

Pro Portion ca. 23 g Eiweiß, 53 g Fett, 22 g Kohlenhydrate = 2886 Joule (690 Kalorien)

KERBEL

Überbackene Käse-Kartoffeln

Für 4 Portionen:
1 kg mittelgroße Früh-
kartoffeln
3 El Salz
1 Bund Schnittlauch
ca. 50 g Kerbel
400 g Münster-Käse

Die Kartoffeln unter fließendem Wasser gründlich abbürsten, mit dem Salz in kaltem Wasser zum Kochen bringen und bei mittlerer Hitze 20 - 25 Minuten garen. Inzwischen den Schnittlauch in feine Röllchen schneiden. Die Kerbelblättchen abzupfen und hacken. Den Käse in Scheiben schneiden und den Grill vorheizen.

Die Kartoffeln abgießen, abdämpfen, längs halbieren und in eine große (oder vier kleine) ofenfeste Form legen. Die Käsescheiben darauf verteilen und mit den Kräutern bestreuen. Die Kartoffeln unter dem Grill 7 Minuten überbacken, bis der Käse zerläuft. Die Kräuter dürfen nicht verbrennen. Oder: im vorgeheizten Backofen bei 250 Grad (Gas 5 - 6) auf der obersten Einschubleiste backen.

Die überbackenen Käse-Kartoffeln in der Form als kleinen Imbiß zu einem Elsässer Riesling oder zum Bier servieren.

Pro Portion etwa 26 g Eiweiß, 23 g Fett, 31 g Kohlenhydrate = 1870 Joule (446 Kalorien)

Möhren in Kerbelsahne

Für 4 Portionen:
2 Bund Möhren
30 g Butter oder Margarine
1/4 l Brühe (Instant)
200 g Crème fraîche
ca. 50 g Kerbel
1 Eigelb
3 El Weißwein
1 - 2 Tl Senf
Salz
Pfeffer a. d. Mühle
1 Tl Zucker

Möhren putzen, dabei die Ansätze des Grüns dranlassen. Möhren waschen und zusammen mit der Butter oder Margarine in die kochende Brühe geben. Zugedeckt 15 - 20 Minuten garen. Möhren aus der Brühe nehmen und warm halten. Crème fraîche in die Brühe rühren und bei starker Hitze 5 Minuten offen einkochen lassen.
Kerbel hacken, Eigelb mit Weißwein und Senf verrühren, beides in die Sauce geben. Mit Salz, Pfeffer und Zucker abschmecken. Über die Möhren gießen.

Dazu passen Kalbsschnitzel.
Pro Portion ca. 4 g Eiweiß, 24 g Fett, 12 g Kohlenhydrate = 1212 Joule (288 Kalorien)

KNOBLAUCH

„König der Gewürze" nannte ihn der Philosoph Pythagoras. Nicht zu Unrecht. Denn der Knoblauch hat jede Menge Vorzüge. Die Pharaonen wußten genau, warum sie ihn täglich zentnerweise an die beim Pyramidenbau schuftenden Sklaven verteilen ließen: um sie bei Kräften zu halten. Die Ärzte von Antike bis ins Mittelalter hinein trauten ihm wahre Wunderkräfte zu und verschrieben ihn gegen Blattern ebenso wie gegen Frauenleiden, Knochenbrüche und Sommersprossen. Und bis in unser Jahrhundert hinein galt er auf dem Balkan als Schutz gegen Vampire. In Ermangelung von Vampiren konnte bisher noch nicht nachgewiesen werden, ob er wirkt, und bei Knochenbrüchen ist ein Gips sicher besser angebracht. Soviel ist aber gewiß: Die im Knoblauch steckenden ätherischen Öle wirken bakterientötend und helfen gegen Infektionen zum Beispiel der Atemwege. Außerdem

wirkt sich Knoblauch auch positiv auf die Fließfähigkeit des Blutes und auf unseren Cholesterinspiegel aus. Knoblauch hat nur einen Fehler: Wer ihn gegessen hat, der kann ihn nicht verleugnen, der Knoblauchduft kommt aus allen Poren. Was man dagegen tun kann? Die Zehen bei Vollmond pflanzen, empfahl der römische Naturwissenschaftler Plinius. Ein Sträußchen Petersilie hinterher essen, sagen die einen, ein Glas Milch oder Rotwein trinken, die anderen. Die allerbeste Knoblauchzeit ist das Frühjahr, wenn die Knollen des Lilienverwandten ganz frisch zu haben sind und milde und saftig schmecken. In der restlichen Zeit ist er viel schärfer, schmeckt aber auch dann noch gut, vor-

ausgesetzt daß er nicht ausgetrieben hat. Ausgetriebene Zehen sollten Sie möglichst nicht verwenden, zu allermindest jedoch den grünen Trieb entfernen. Ein Tip: im Winter geräucherte Knoblauchknollen kaufen, die keine Treibfähigkeit mehr haben. Nicht geräucherte Knollen sollten Sie immer kühl und trocken (nicht bei Küchentemperatur) lagern. Knoblauchzehen sollten Sie entweder in einer Knoblauchpresse durchpressen oder mit etwas Salz bestreuen und mit einem breiten Messer zerquetschen, damit sich ihr Aroma

gleichmäßig im Gericht verteilt. Und nach dem Zerkleinern nie lange stehenlassen, sonst wird Knoblauch unangenehm im Geschmack. Knoblauch sollten Sie auch beim Braten nicht allzu starker Hitze aussetzen, da er sonst verbrennt und bitter wird. Im Gegensatz zu vielen anderen Gewürzen gehört er von Anfang an an das Gericht. Durchs Kochen verliert er seine Schärfe und einen Teil seiner unangenehmen Nachwirkungen. Was zurückbleibt, ist sein wunderbar rundes Aroma.

Neue Kartoffeln in Kräuteröl

Für 6-8 Portionen:
1 kg Frühkartoffeln
2 El Salz
1 Tl Kümmel
2 kleine Rosmarinzweige
1 Thymianzweig
1/2 Bund Basilikum
6 Knoblauchzehen
1/4 l Olivenöl
1/4 l Öl
6-8 El Zitronensaft
Pfeffer a. d. Mühle
1-2 Bund Brunnenkresse
1 Bund Radieschen
Zucker

Am Tag vorher die Kartoffeln unter fließendem Wasser gründlich abbürsten, in kaltem Wasser mit Salz und Kümmel zum Kochen bringen, bei mittlerer Hitze 20 - 25 Minuten garen.

Inzwischen Rosmarin, Thymian und Basilikum unzerpflückt in eine Schüssel geben. Den Knoblauch pellen, in dünne Scheiben schneiden und unter die Kräuter mischen. Das Öl darübergießen und mit 4 - 5 El Zitronensaft abschmecken.

Die Kartoffeln abgießen, abdämpfen, heiß in dicke Scheiben (5 mm) schneiden, kräftig salzen und pfeffern, in das Kräuteröl geben, 24 Stunden durchziehen lassen und dabei ab und zu vorsichtig durchrühren.

Die Brunnenkresse verlesen, putzen, gründlich waschen und trockenschleudern. Die Radieschen putzen, waschen, in dünne Scheiben schneiden und in einer Schüssel mit der Brunnenkresse mischen.

Für die Salatsauce 5 El Kräuteröl von den Kartoffeln abnehmen, mit dem restlichen Zitronensaft verrühren, mit Salz, Pfeffer und wenig Zucker abschmecken. Die Sauce über die Salatzutaten gießen und vorsichtig durchheben.

Den Salat auf Tellern anrichten. Die Kartoffelscheiben aus dem Kräuteröl heben, abtropfen lassen, auf dem Salat anrichten und servieren.

Das restliche Kräuteröl hält sich im verschlossenen Gefäß und kühl gestellt ein bis zwei Wochen und kann gut zum Braten und für Salatsaucen genommen werden.

Pro Portion (bei 8 Portionen) ca. 8 g Eiweiß, 21 g Fett, 21 g Kohlenhydrate = 1518 Joule (361 Kalorien)

KNOBLAUCH

Knoblauchhuhn

Für 4 Portionen:
1 Poularde (2 kg)
Salz, Pfeffer a. d. Mühle
7 El Olivenöl
Schale von 1 unbehandelten
Zitrone
1/2 Bund Thymian
2 El weißer Portwein
50 ccm trockener Weißwein
4 El Zitronensaft
20 junge Knoblauchzehen

Huhn in 8 Stücke teilen, waschen, trocknen, mit Salz und Pfeffer würzen.
Flachen Schmortopf mit 1 El Öl ausstreichen, Fleisch hineingeben, mit Zitronenschale und Thymianblättchen bestreuen.
Restliches Öl mit Portwein, Weißwein und Zitronensaft mischen, darübergießen, Knoblauch ungepellt dazugeben.
Im vorgeheizten Backofen zugedeckt bei 175 Grad (Gas 2) 40 Min. schmoren. Dann bei 225 Grad (Gas 4) offen 15 Min. bräunen.
Zum Essen drückt man die

Knoblauchzehen aus der Pelle und stippt Knoblauchpüree und Bratensaft mit Baguette auf.

Pro Portion ca. 63 g Eiweiß, 35 g Fett, 9 g Kohlenhydrate = 2780 Joule (665 Kalorien)

Antipasto von Austernpilzen in Lorbeer-Thymian-Vinaigrette

Für 4-6 Portionen:
1/8 l Rotweinessig
Salz
Pfeffer a. d. Mühle
Zucker
200 ccm Olivenöl
2-3 Knoblauchzehen
5 Thymianzweige
2 Lorbeerblätter
750 g Austernpilze

Essig mit Salz, Pfeffer und einer Prise Zucker verrühren, dann 150 ccm Olivenöl unterrühren. Knoblauch schälen und in dünne Scheiben schneiden. Thymianblätter von den Stielen zupfen. Zusammen mit Knoblauch und den Lorbeerblättern in die Vinaigrette geben.

Austernpilze putzen, halbieren und nacheinander in 2 Portionen im restlichen Olivenöl in 2 - 3 Minuten kräftig braun braten. Salzen, pfeffern und noch warm mit der Vinaigrette übergießen.

Im Kühlschrank etwa 24 Stunden durchziehen lassen.

Kalt servieren. Dazu passen Parmaschinken und Meterbrot.

Pro Portion (bei 6 Portionen) ca. 3 g Eiweiß, 14 g Fett, 1 g Kohlenhydrate = 605 Joule (146 Kalorien)

KORIANDER

Bei uns wird Koriander hauptsächlich in der Weihnachtszeit gegessen. Denn er gehört zu den klassischen Gewürzen für das Weihnachtsgebäck. Im indischen Raum und in Lateinamerika dagegen rangieren die kleinen kugelförmigen Samen mit ihrem würzigen, entfernt an Orangenschale plus Salbei erinnernden Aroma unter den meistgegessenen Gewürzen. Koriander ist Standardzutat im indischen Curry. Man würzt mit ihm Gemüse (be-

sonders fein zum Beispiel ist Korianderrotkohl), aber auch Fisch, Brot und Lammfleischgerichte. Noch beliebter als die Körner sind in all diesen Regionen die jungen Korianderblätter. Sie sehen aus wie Petersilie und werden auch so häufig gebraucht wie bei uns die Petersilie. Aber in Geruch und Aroma gleichen sich Koriandergrün (in vielen Rezeptbüchern auch Cilantro genannt) und

Petersilie nicht. Korianderaroma ist so spezifisch, daß es ebensoviele fanatische Anhänger wie Gegner hat — und daß viele Europäer sich erst an ihn gewöhnen müssen. Manche gewöhnen sich nie an ihn. So nannten die alten Griechen Koriandergrün auch Wanzenkraut, weil sie meinten, es röche wie Wanzen.
Wenn Sie selbst nachprüfen wollen, ob Koriandergrün

Ihnen schmeckt — wenn Sie unsere Rezepte ausprobieren oder einfach ganz echt indisch oder mexikanisch kochen wollen, Koriandergrün (oder Cilantro) im Töpfchen kann man inzwischen schon in vielen Gemüsegeschäften, vor allem in Großstädten, bekommen. Oder Sie ziehen es sich selbst. Das ist ganz einfach: Korianderkörner vom Gewürzbord zwei Tage einweichen, dann in einen Topf in feuchte Erde säen, mit etwas Erde bedecken und immer gut feucht halten. Nach 8 Tagen haben die Körner gekeimt, nach weiteren 10-14 Tagen können Sie das Grün ernten.

Korianderkartoffeln aus dem Ofen

Für 4 Portionen:
8-12 Kartoffeln
(ca. 1,6 kg)
1/4 l Olivenöl
Salz
1 El Koriander (gestoßen)
2 Eigelb (Gew.-Kl. 2)
2 El Zitronensaft
2 Knoblauchzehen
1 Tl Senf
weißer Pfeffer a. d. Mühle
4 El Schlagsahne
Schnittlauch, Tomaten,
1 Zitrone

Die Kartoffeln rundum gründlich abschrubben und längs halbieren. Die Schnittflächen mit Öl bepinseln, mit Salz bestreuen. Dann mit einem Teil des Korianders bestreuen und mit der Schnittfläche nach unten auf das Backblech legen. Bei 250 Grad (Gas 5-6) auf mittlerer Einschubleiste ca. 10 Minuten backen. Den Ofen auf 150 Grad (Gas 1) herunterschalten und weitere 35 Minuten garen.

Inzwischen Eigelb mit Salz, Zitronensaft, den gepellten und durchgepreßten Knoblauchzehen, dem Senf und dem Pfeffer in einem Rührbecher verrühren. Das restliche Öl erst tropfenweise, dann in dünnem Strahl mit den Quirlen des Handrührers auf höchster Stufe unterschlagen. Die Mayonnaise mit der Sahne glattrühren und abschmecken.

Die Kartoffeln und die Mayonnaise mit dem restlichen Koriander und mit Schnittlauch bestreuen. Mit in Scheiben geschnittenen Tomaten und einer Zitronenspalte servieren.

Pro Portion ca. 8 g Eiweiß, 70 g Fett, 60 g Kohlenhydrate = 4025 Joule (962 Kalorien)

KORIANDER

Koriander-Fladenbrot mit Quark

Für 6-8 Portionen:
250 g Roggenmehl
(Type 1370)
150 g Weizenmehl
(Type 1050)
1 1/2 Pk. Trockenhefe
2 El gemahlener Koriander
Salz, 8 El Olivenöl
1 Topf Korianderkraut
1-2 Knoblauchzehen
100 ccm Milch
Pfeffer a. d. Mühle
500 g Magerquark
Zitronensaft
2 El Korianderkörner
Außerdem: Mehl zum Bearbeiten, Backtrennpapier

Roggen- und Weizenmehl mit Hefe, gemahlenem Koriander und 1 Prise Salz mischen. 1/4 l Wasser und 4 El Öl zugeben und alles zu einem glatten Teig verkneten. Den Teig mit Mehl bestäuben und zugedeckt an einem warmen Ort 20 Minuten gehen lassen.

Korianderblätter abzupfen und hacken. Knoblauch pellen, durchpressen und mit Milch, Salz, Pfeffer und Korianderkraut unter den Quark rühren, mit Zitronensaft abschmecken und kalt stellen.

Teig durchkneten, dritteln und auf bemehlter Fläche zu jeweils einem 30 cm langen Oval ausrollen. Fladen auf ein mit Backtrennpapier ausgelegtes Backblech legen und zugedeckt 20 Minuten gehen lassen.

Die Korianderkörner im Mörser zerstoßen. Die Fladen diagonal einritzen, mit dem restlichen Öl beträufeln, mit dem Koriander bestreuen.

Fladen im vorgeheizten Backofen bei 200 Grad (Gas 3) 20-30 Minuten auf der 2. Einschubleiste von unten backen. Die Fladenbrote lauwarm mit dem Quark servieren.

Pro Portion (bei 8 Portionen) ca. 15 g Eiweiß, 11 g Fett, 35 g Kohlenhydrate = 1296 Joule (310 Kalorien)

Kaninchen mit Koriandergrün

Für 4 Portionen:
4 Kaninchenkeulen
(ca. 1,25 kg)
Salz, Pfeffer a. d. Mühle
4 El Öl
1 Tl Koriander (gestoßen)
8 kleine Zwiebeln
(ca. 120 g)
2 Knoblauchzehen
1/2 Dose Tomaten (280 g EW)
Zucker, Cayennepfeffer
2 El Koriandergrün

Die Kaninchenkeulen mit Salz und Pfeffer einreiben. Das Öl in einem schweren Schmortopf erhitzen, den gestoßenen Koriander zugeben. Die Keulen darin von beiden Seiten hell goldbaun anbraten. Zwiebeln und Knoblauch pellen, Knoblauch in Scheiben schneiden. Zwiebeln und Knoblauch in den Topf geben und kurz anbraten. Dann sofort die abgetropften und zerpflückten Tomaten zugeben. Mit etwas Zucker und 1 bis 2 Prisen Cayennepfeffer würzen. Zùgedeckt bei milder Hitze ingesamt 40 Minuten schmoren. Dabei die Keulen ab und zu wenden. Falls zuviel Flüssigkeit entsteht, 5 Minuten vor Ende der Garzeit den Deckel abnehmen, damit die Sauce einkochen kann. Das Koriandergrün direkt vor dem Servieren unterheben. Dazu paßt Baguette oder Reis, frischer Blattsalat und ein leichter Rotwein.

Pro Portion ca. 52 g Eiweiß, 28 g Fett, 5 g Kohlenhydrate = 2224 Joule (531 Kalorien)

KRESSE

Die Kresse oder Gartenkresse, wie sie richtig heißt, ist zwar nicht ganz so fein im Geschmack wie ihre Verwandte, die Brunnenkresse. Aber sie hat einen ganz entscheidenden Vorteil: Man kann sie das ganze Jahr über in fast allen Gemüsegeschäften kaufen.

Und sie wächst so schnell und so problemlos, daß man sie auch jederzeit selbst auf der Fensterbank ziehen kann. Den Samen bekommt man zum Beispiel in Samenhandlungen.

Man braucht ihn nur in gut angefeuchteter Watte auszusäen und ans Fenster zu stellen, dann wächst er von selbst. Man muß nur noch die Watte regelmäßig anfeuchten und warten. Nach gut einer Woche sind die Pflanzen etwa 10 cm hoch und erntereif. Die Pflanze wird zwar in der Natur bis zu 50 cm hoch (sie hat dann bläulich gestreifte Stengel und unterschiedlich gezahnte, eiförmige Blätter), aber den besten Geschmack hat sie, wenn sie etwa handbreit hoch ist.

So einfach wie der Anbau ist übrigens auch die Ernte. Samenhülsen, die manchmal noch auf den kleinen Pflanzen sitzen, streift man mit der Hand ab, dann braucht man nur noch die Pflänzchen mit der Küchenschere abzuschneiden. Waschen sollten Sie die Kresse nicht (übrigens auch nicht die gekaufte, die ja in einer durchsichtigen Kunststoffhülle wächst). Denn auf ihren Blättern liegt ja nur der Staub, den wir sowieso ständig einatmen. Vor allem aber: Die nassen Pflänzchen sehen nicht nur unansehnlich aus, weil sie in sich zusammenfallen, sie verlieren durchs Waschen auch einen großen Teil ihres Aromas. Hacken sollte man sie nur in Ausnahmefällen, nämlich dann, wenn man sie an Kräuterbutter oder an Quark gibt. Denn durch das Hacken verflüchtigen sich ebenfalls viele ihrer Aromastoffe.

Was ihr außerdem nicht bekommt, ist Hitze. Darum sollte man sie erst ganz zum Schluß der Wärme aussetzen.

Mit ihrem scharfen, meerrettichähnlichen Aroma paßt Kresse vor allem an frische Salate, die mit einer Vinaigrette angemacht werden. Sie ist aber auch eine ausgezeichnete Ergänzung zu der Milde einer Sahne- oder Mayonnaisensauce, die zum Beispiel zu Eiern schmeckt, aber auch zu Huhn oder zu Fisch. Außerdem schmeckt Kresse an Kräuterquarks und an Butter, die man zu Steaks, vor allem aber zu gebratenem Fisch serviert.

Eines der wenigen Beispiele für Kresse in einem warmen Gericht: klare Suppe, wo sie die Petersilie ersetzt. Kresse, die noch nicht vom Beet abgeschnitten ist, kann man gut ein paar Tage aufheben. Damit sie nicht weiterwächst und damit ihr Aroma verliert, sollte man sie gut feucht im Gemüsefach des Kühlschranks aufheben.

Vollkorn-Nudelsalat mit Kresse-Mayonnaise

Für 4-6 Portionen:
200 g Vollkornnudeln
(z. B. Zöpfli)
Salz
2 Beete Kresse
1 Glas Mayonnaise
(50 % Fett, 250 g)
1 Becher Magermilchjoghurt
(150 g)
Pfeffer a. d. Mühle
1 Tl Zitronensaft
3 Bund Radieschen
1 Pk. Erbsen (TK, 300 g)

Nudeln nach Anweisung auf der Packung in kochendem Salzwasser garen. Abgießen, abschrecken und erkalten lassen.

Kresse möglichst lang abschneiden und hacken. Mayonnaise mit Joghurt und Kresse verrühren, mit Salz, Pfeffer und Zitronensaft abschmecken.

Radieschen putzen, waschen und in Scheiben schneiden. Erbsen, Radieschen und Nudeln mit der Mayonnaise mischen und den Salat mindestens 20 Minuten kalt stellen. Vor dem Servieren nochmals

Pro Portion (bei 6 Portionen) ca. 10 g Eiweiß, 23 g Fett, 35 g Kohlenhydrate = 1650 Joule (394 Kalorien)

KRESSE

Kresse-Sandwich

Für 4 Portionen:
4 Scheiben Vollkornbrot
40 g Butter
8 Kopfsalatblätter, 3 Beete
Kresse
8 Scheiben Käse (ca. 200 g)
1 Zwiebel
1/2 Bund Radieschen

Die Brotscheiben mit der Butter bestreichen, dann mit den gewaschenen und gut abgetropften Salatblättern belegen. Die Kresse in Büscheln von den Beeten schneiden und auf dem Salat verteilen, den Käse darüberlegen. Die Zwiebel pellen und fein würfeln, die Radieschen putzen, waschen und ebenfalls würfeln. Mit den Zwiebeln mischen und auf den Käse häufeln. Sofort servieren.

Pro Portion etwa 15 g Eiweiß, 22 g Fett, 27 g Kohlenhydrate = 1643 Joule (393 Kalorien)

Kartoffelragout mit Kressesauce

Für 4 Portionen:
700 g Kartoffeln
500 g Kohlrabi
2 Zwiebeln (100 g)
50 g Butter oder Margarine
1/4 l Brühe (Instant)
8 Eier, 2 Beete Kresse
200 g Crème fraîche, Salz
Pfeffer a. d. Mühle, Muskat
2 El helles Saucenbinde-
mittel

Kartoffeln schälen, waschen und in grobe Würfel schneiden. Kohlrabi abziehen und grob würfeln. Zwiebeln pellen und würfeln.

Zwiebeln in der zerlassenen Butter oder Margarine glasig werden lassen. Kartoffeln und Kohlrabi zugeben und andünsten. Mit der Brühe ablöschen und zugedeckt bei mittlerer Hitze ca. 15 Minuten garen.

Inzwischen die Eier in kochendem Wasser 8 - 9 Minuten garen, dann abschrecken. Kresse von den Beeten schneiden, etwas zum Garnieren zurückbehalten, den Rest mit 1 El Kochflüssigkeit und 100 g Crème fraîche mit dem Schneidstab des Handrührers pürieren.

Restliche Crème fraîche und das Püree unter das Gemüse geben, mit Salz, Pfeffer und Muskat abschmecken. Saucenbindemittel zugeben, aufkochen lassen. Eier pellen, halbieren, zugeben. Mit der restlichen Kresse bestreuen.

Pro Portion ca. 22 g Eiweiß, 39 g Fett, 31 g Kohlenhydrate = 2430 Joule (580 Kalorien)

KÜMMEL

Schon in prähistorischer Zeit hat man den kräftig-scharf schmeckenden, sichelförmigen Samen der Kümmelpflanze geschätzt: als Gewürz, als Medizin, vor allem aber wegen der magischen Kräfte, die nach Meinung unserer Vorfahren in ihm stecken. Kümmel schützt vor Hexerei, so glaubte man noch in der angehenden Neuzeit. Und unglücklich Verliebte mixten aus Kümmel einen Liebestrank, weil der ihnen die Zuneigung der geliebten Person zuwenden sollte. Ob es wohl geklappt hat?
Soviel zumindest ist gewiß: Kümmel ist reich an Protein und besitzt vor allem verdauungsfördernde, magenfreundliche Eigenschaften. Tee aus Kümmel zum Beispiel hilft gegen Magenkoliken, und ein deftiges, fettes Essen, das mit Kümmel gewürzt ist, liegt nicht mehr so schwer im Magen. Kümmel wächst überall in Europa wild, angebaut wird er vor allem in den Niederlanden und in der UdSSR. Kümmel können Sie auch leicht selbst ziehen, wenn Sie im Herbst oder Frühjahr die Samen in nährstoffreichen Boden geben. Dann entwickelt sich im ersten Jahr eine Blattrosette mit bis zu 20 cm hohen langen, feingefiederten Blättern, die an Möhrenblätter erinnern, aber intensiv würzig duften. Im nächsten Jahr entwickelt sich daraus eine üppige Pflanze mit weißen feinen Dolden, an denen im Herbst die Kümmelsamen reifen.

Kümmelsamen ist ein unproblematisches Gewürz. Luftig und trocken gelagert, läßt er sich ein Jahr und länger aufbewahren. Gemahlen dagegen verliert er schnell sein intensives, leicht an Lakritze erinnerndes Aroma.
Mit Kümmel würzt man vor allem Brot und Brötchen und salziges Gebäck. Er schmeckt aber auch an Kohl, an Sauerkraut und Krautsalat.
Er paßt ausgezeichnet zu Kartoffeln (zum Beispiel, wenn man ihn ans Pellkartoffelwasser gibt). Er paßt zu Zwiebeln, zum Beispiel an Zwiebelkuchen und an Zwiebelsuppe, an Hammelgerichte und Schweinebraten. Mit Kümmel würzt man auch Käse: den Liptauer und den Limburger. Vor allem wird Kümmel aber bei der Herstellung von Kümmelbranntweinen wie Aquavit und Kümmellikören gebraucht.

Kümmelstangen

Für 6 Kümmelstangen:
250 g Mehl
20 g Hefe
100 ccm Öl
Salz
1 Prise Zucker
Kümmel
grobes Salz zum Bestreuen

Das Mehl in eine Schüssel geben. Die zerbröckelte Hefe in 100 ccm warmem Wasser auflösen. Mit dem Mehl, dem Öl, Salz und Zucker zu einem glatten Teig verarbeiten. Etwa 5 Minuten kräftig durchkneten. Zu einer Kugel formen. Zugedeckt ca. 15 Minuten bei Zimmertemperatur gehen lassen. Dann den Teig zusammenkneten, wieder zu einer Kugel formen und zugedeckt kurz ruhenlassen.

Den Teig zu einer rechteckigen Platte von ca. 2 mm den, jedes Stück wiederum diagonal in 2 Dreiecke. Mit Kümmel bestreuen und von der breiten Seite her aufrollen. Auf ein Backblech legen. Mit Wasser bepinseln und mit Kümmel und grobem Salz bestreuen. Im Backofen bei 200 Grad (Gas 3) ca. 15 - 18 Minuten auf der zweiten Einschubleiste von unten backen. Auf einem Kuchengitter nicht ganz auskühlen lassen und frisch servieren.

Pro Stange ca. 4 g Eiweiß, 17 g Fett, 32 g Kohlenhydrate = 1329 Joule (317 Kalorien)

KÜMMEL

Apfel-Zwiebel-Kuchen

Ergibt 28-30 Stück:
2 kg Gemüsezwiebeln
1/8 l Öl und 6 El Öl für
den Teig
1 Bund Thymian (ersw. 2 Tl
getrockneter)
Salz, Pfeffer a. d. Mühle
400 g Mehl, 40 g Hefe
1 Tl Zucker
Mehl zum Bearbeiten, Öl
für das Blech
200 g Bacon (oder durch-
wachsener Speck, in dünnen
Scheiben)
1 kg Äpfel (möglichst Bos-
kop, mittelgroß)
1 - 2 Tl Kümmel

Die Zwiebeln pellen, halbieren und in dünne Scheiben schneiden. 1/8 l Öl in einer möglichst großen Pfanne erhitzen. Die Zwiebeln darin (evtl. portionsweise) bei mittlerer Hitze 10 bis 15 Minuten weichdünsten, dabei wenden. Mit Thymianblättern, Salz und Pfeffer würzen und auskühlen lassen. Das Mehl in eine Schüssel geben, eine Mulde hineindrücken. Die Hefe in die Mulde krümeln. 1 gestrichenen Tl Salz, Zucker und 6 El Öl auf den Mehlrand geben. 200 ccm lauwarmes Wasser auf die Hefe gießen, die

Hefe darin auflösen. Die Zutaten von der Mitte aus zu einem Teig verkneten. Kräftig auf der bemehlten Arbeitsplatte durchkneten, bis der Teig glatt und geschmeidig ist. Zu einer Kugel formen, leicht mit Mehl bestäuben und zugedeckt 20 bis 30 Minuten gehen lassen. Die Saftpfanne des Backofens leicht mit Öl auspinseln. Den Bacon in Streifen schneiden. Die Äpfel schälen, die Kerngehäuse ausstechen, die Äpfel in etwa 1/2 cm dicke Ringe schneiden. Den Teig auf der bemehlten Arbeitsplatte ausrollen, auf die

Saftpfanne legen, die Ränder etwas hochdrücken. 1/3 der Zwiebeln auf den Teig verteilen. Die Apfelringe dicht an dicht darauflegen. Die restlichen Zwiebeln darauf verteilen, die Speckstreifen und den Kümmel gleichmäßig darüberstreuen. Den Kuchen auf der zweiten Einschubleiste von unten bei 225 Grad (Gas 4) 25 Minuten backen, weitere 5 bis 10 Minuten auf der obersten Einschubleiste. Warm servieren.

Pro Stück (bei 30 Stücken) ca. 3 g Eiweiß, 10 g Fett, 19 g Kohlenhydrate = 811 Joule (193 Kalorien)

Paprika-Sauerkraut-Eintopf

Für 4 Portionen:
1 kg Schweinenacken
250 g Zwiebeln
30 g Butterschmalz
Salz, Pfeffer a. d. Mühle
2 El Paprikapulver (edelsüß)
1 Lorbeerblatt
1 - 2 Tl Kümmel
1/8 l Brühe (Instant)
1 rote Paprikaschote
1 grüne Paprikaschote
1 Dose Sauerkraut
(750 g netto)
1 Becher saure Sahne (150 g)

Das Fleisch vom Knochen lösen und würfeln. Die Zwiebeln pellen, halbieren, in Scheiben schneiden.

Zwiebeln im heißen Butterschmalz glasig dünsten. Das Fleisch zugeben, anbraten und mit Salz, Pfeffer, Paprikapulver, Lorbeer und Kümmel würzen.

Die Brühe zugießen und das Ganze zugedeckt 45 Minuten garen.

Paprikaschoten putzen, vierteln, waschen und in Streifen schneiden. Paprika und Sauerkraut zum Fleisch geben.

Das Ganze zugedeckt weitere 25 - 30 Minuten garen. Den Sauerkraut-Eintopf danach eventuell nachwürzen und mit der sauren Sahne servieren.

Pro Portion ca. 47 g Eiweiß, 44 g Fett, 10 g Kohlenhydrate = 2635 Joule (631 Kalorien)

LIEBSTÖCKEL

Das „Lieb" in seinem Namen hat nicht mit Liebe zu tun, es ist nichts anderes als eine Eindeutschung seines lateinischen Namens Ligusticum, wörtlich übersetzt „ligurisches Kraut". Liebstöckel stammt nämlich aus Südeuropa und war in der Antike und im Mittelalter eines der meistgebrauchten Kräuter in der norditalienischen Provinz Ligurien. An die Herkunft des Namens erinnerte sich aber schon bald keiner mehr: Liebstöckel wurden — einfach wegen der ersten Silbe in seinem Namen — Zauberkräfte in Sachen Liebe zugesprochen. Bauernmädchen in Franken trugen darum zum Beispiel ein Sträußchen mit Liebstöckelblättern am Mieder, wenn sie ihren Schatz becircen wollten.

Liebstöckel ist eine Staude, die aussieht wie eine zu groß geratene Selleriepflanze: bis zu zwei Meter hoch, mit dunkel glänzenden, gefiederten Blättern, denen des Sellerie sehr ähnlich, und blaßgelblichen Blütendolden. Zum Würzen verwendet man vor allem die Blätter, die intensiv nach Suppenkraut mit ei-

nem Hauch Zitrone duften. (Weshalb er im Volksmund auch Maggikraut genannt wird.)

Liebstöckel sollten Sie nur frisch verwenden. Getrocknet verliert er die Frische, die ihn trotz aller Derbheit im Aroma so angenehm macht.

Man kann ihn bundweise im Sommer und Herbst auf dem Markt kaufen. Außerdem werden ganz junge, im Treibhaus gezogene Pflänzchen das ganze Jahr über

in vielen Gemüsegeschäften angeboten. Die Intensität des Aromas hängt entscheidend davon ab, wo der Liebstöckel gewachsen ist. An einer Brühe zum Beispiel genügt manchmal schon ein halbes Blatt Freilandliebstöckel, während ein ganzer Eßlöffel im Treibhaus gezogener Blätter kaum zu spüren ist. Wer

mit Liebstöckel würzt, braucht also viel Fingerspitzengefühl.

Liebstöckel schmeckt besonders gut an deftigen Suppen und Eintöpfen, an Bohnen-, Erbsen- und Kartoffelsuppen, bunten Gemüsetöpfen und Frühlingssuppen, wo er das Aroma des Suppengemüses intensiviert. Er paßt, vorsichtig verwendet, aber auch an Hühnergerichte, an Hühnersuppen und -ragouts. Er schmeckt am Saftschmorbraten und an Kartoffelgerichten.

Kalbshaxe mit Tomaten und Liebstöckel

Für 4 Portionen:
250 g getrocknete weiße
Bohnen

Die Bohnen mit reichlich kaltem Wasser einmal aufkochen und abschäumen. Zugedeckt bei milder Hitze ca. 1 Stunde garen.

In der Zwischenzeit die Kalbshaxenscheiben von beiden Seiten mit Salz und Pfef-

bei milder Hitze insgesamt 1 1/2 bis 1 3/4 Stunden schmoren. Dabei ab und zu wenden. Eventuell 3 - 4 El Wasser zugeben und den Bratensatz vom Topfboden lösen. 30 Minuten vor Ende der Garzeit die Bohnen zum

LIEBSTÖCKEL

Steckrüben-Püree

Für 4 Portionen:
500 g Steckrüben
1 Zwiebel, Salz
250 g Kartoffeln
125 g Schlagsahne
Pfeffer, 75 g Butter
1/2 Bund Liebstöckel

Steckrüben schälen, in Stücke schneiden und mit der Zwiebel in Salzwasser 1 Stunde kochen. Kartoffeln schälen, waschen und weitere 15 Minuten mitkochen. Abgießen, durch die Kartoffelpresse drücken, Sahne unterrühren, pfeffern. Butter zerlassen, Liebstöckel in feinen Streifen zugeben. Püree mit Liebstöckelbutter servieren. Das Püree paßt zum Beispiel zum Schweinebraten oder zu Kasseler.

Pro Portion ca. 3 g Eiweiß, 26 g Fett, 25 g Kohlenhydrate = 1355 Joule (323 Kalorien)

Kartoffelgratin mit Liebstöckel

Für 4 Portionen:
500 g Kartoffeln
Salz
1/4 l Schlagsahne
1 El Liebstöckelblätter
(zerzupft)
40 g Butter oder Margarine
60 g Gruyère oder junger
Gouda

Die Kartoffeln waschen, schälen, wieder waschen, in dünne Scheiben schneiden und in reichlich kochendem Salzwasser 3 Minuten vorgaren. Dann abgießen, abtropfen und abkühlen lassen. Die Kartoffelscheiben dachziegelartig in eine flache Gratinform schichten und mit der Sahne begießen. Mit Liebstöckel bestreuen. Die Butter oder Margarine in Flöckchen darüber verteilen. Den Käse fein raffeln und über die Kartoffeln streuen. Bei 175 Grad (Gas 2) auf der untersten Einschubleiste 40 bis 45 Minuten backen.

Der Gratin ist eine feine Beilage zu kurzgebratenem Fleisch.

Pro Portion ca. 7 g Eiweiß, 33 g Fett, 17 g Kohlenhydrate = 1666 Joule (398 Kalorien)

LORBEER

In der Antike galt der Lorbeerbaum als heilig, er war dem Gott Apollo geweiht. Seine Tempel schmückte man mit Lorbeerzweigen, und Pythia, seine Priesterin, kaute im Orakel zu Delphi auf einem Lorbeerblatt, wenn sie weissagte. Aber gleichzeitig benutzte man ihn auch in der Küche. Seit Urgroßmutters Zeiten gilt der Lorbeer bei uns als neutral schmeckendes Allerweltsgewürz, das man unterschiedslos an alle deftigen Gerichte geben kann. Und damit tut man den Blättern des immergrünen Strauches herzlich unrecht. Denn Lorbeerblätter haben einen ganz unverwechselbaren, intensiven, herb-aromatischen Geschmack. Allerdings nur, wenn sie auch wirklich frisch sind. Und hier liegt das eigentliche Problem. Bislang kamen nämlich die Blätter dieses frostempfindlichen Mittelmeerstrauches stets getrocknet zu uns, in vielen Fällen dazu außerdem noch relativ alt. Erst seit allerjüngster Zeit gibt es Lorbeerblätter auch bei uns frisch zu kaufen.

Man erkennt die Frische an der grünen Farbe der Blätter. Und hier ein paar Regeln für den Umgang mit Lorbeer:

Die Blätter dunkel und luftverschlossen lagern.

Lorbeerblätter ganz an die Speisen geben. Die Ränder einreißen, so entfaltet sich das Aroma besser.

Der Geschmack entfaltet sich nur langsam, deshalb die Blätter mitkochen.

Kalbsleber mit Lorbeer und Balsamtomaten

Für 4 Portionen:
20 g Pinienkerne
2 El Olivenöl
20 g Butter
8 frische Lorbeerblätter
4 Scheiben Kalbsleber (jede 180 g)
Salz
1/2 Tl grob geschroteter schwarzer Pfeffer
4 vollreife Tomaten (500 g)
50 ccm Kalbsfond (a. d. Glas)
1 El Balsamessig

Die Pinienkerne ohne Fett in einer Pfanne bei milder Hitze goldbraun rösten, aus der Pfanne nehmen und beiseite legen.

Das Öl und die Butter in der Pfanne erhitzen, bis es leise brutzelt. Die Lorbeerblätter an den Rändern etwas einreißen, dann ins heiße Fett legen.

Die Leberscheiben einmal quer durchschneiden, trockentupfen und von jeder Seite etwa 2 Minuten sanft braten, erst hinterher mit Salz und Pfeffer würzen.

Während die Leber brät, die Tomaten waschen, halbieren, die Stielansätze herausschneiden. Die Tomatenkerne mit einem Löffel herausholen und mit dem anhängenden Fleisch in einem Sieb auspressen und den Saft auffangen. Die Tomatenhälften in dicke Spalten schneiden.

Die Leber aus der Pfanne nehmen und warm stellen. Die Tomaten, den ausgepreßten Tomatensaft und den Kalbsfond in die Pfanne geben, durchrühren und bei etwas stärkerer Hitze etwa 2 Minuten braten, mit dem Balsamessig ablöschen und salzen.

Die Leber auf stark vorgewärmte Teller legen, die Tomaten daneben anrichten. Die Pinienkerne kurz im Bratfond durchschwenken und dann auf Leber und Tomaten streuen. Italienisches Landbrot dazu servieren.

Pro Portion ca. 59 g Eiweiß, 87 g Fett, 7 g Kohlenhydrate = 4717 Joule (1228 Kalorien)

LORBEER

Sommerliches Kompott mit Lorbeer

Für 6-8 Portionen:
200 ccm Rotweinessig
350 ccm Rotwein
250 g Zucker
4-6 frische Lorbeerblätter
500 g saure Äpfel
500 g Pflaumen
250 g reife frische Feigen
500 g Holunderbeeren
(netto 200 g,
ersatzweise 200 g schwarze
Johannisbeeren)
1-2 Tl Zimtpulver

Den Rotweinessig mit dem Rotwein und dem Zucker in einem Topf verrühren. Die Lorbeerblätter an den Rändern etwas einreißen und in den Topf geben. Die Flüssigkeit langsam erhitzen und dann ohne Deckel 20-30 Minuten leise kochen lassen, bis der Sud leicht sirupartig eindickt.

Inzwischen die Äpfel schälen, vierteln, entkernen und in dicke Spalten schneiden. Die Pflaumen waschen, halbieren und entsteinen.

Die Äpfel in den Sud geben und darin 5 Minuten eher ziehen als kochen lassen. Die Pflaumen zugeben. Das Kompott weitere 5 Minuten leise garen.

Inzwischen die Feigen waschen und vierteln. Die Beeren an der Rispe kurz durch kaltes Wasser ziehen, trockenschütteln und dann mit der Gabel abstreifen.

Die Feigen und die Beeren in den Sud geben, vorsichtig durchrühren und 5 Minuten ziehen lassen. Das Kompott zum Schluß mit Zimt würzen und kalt stellen. Es sollte eiskalt serviert werden.

Pro Portion (bei 8 Portionen) ca. 2 g Eiweiß, 0 g Fett, 51 g Kohlenhydrate = 1016 Joule (243 Kalorien)

Wildschweinrücken mit Lorbeer

Für 4 Portionen:
1 Stück Wildschweinrücken
(ca. 1,5 kg)
Pfeffer a. d. Mühle
6 frische Lorbeerblätter
Salz
40 g Butterschmalz
200 g Crème fraîche
1 El Senf

Den Wildschweinrücken auf der Fettseite kreuzweise einritzen und mit Pfeffer einreiben. Die Oberseite mit den Lorbeerblättern belegen, den Braten in Alufolie wickeln und über Nacht kühl stellen. Am nächsten Tag die Lorbeerblätter abnehmen und beiseite legen. Den Rücken rundherum mit Salz einreiben und in einen Bräter legen. Das Butterschmalz sehr heiß werden lassen und über das Fleisch gießen. Dann den Braten auf der mittleren Einschubleiste bei 220 Grad (Gas 3-4) zuerst 15 Minuten braten, danach den Ofen auf

175 bis 200 Grad herunterschalten (Gas 2-3) und das Fleisch weitere 60 Minuten braten. Sobald sich im Bräter Röststoffe gebildet haben, nach und nach gut 1/4 l heißes Wasser angießen und die Lorbeerblätter zugeben.
Das gare Fleisch aus dem Bräter nehmen und im ausgeschalteten Ofen warm halten. Die Lorbeerblätter aus dem Bratenfond nehmen, den Fond, wenn nötig, entfetten, die Crème fraîche angießen und leicht cremig einkochen lassen. Durch ein feines Haarsieb gießen, mit dem Senf abschmecken und

zum Fleisch servieren.
Dazu schmecken kleine Röstkartoffeln, die zusammen mit Pilzen, zum Beispiel frischen Champignons, gebraten werden.
Pro Portion ca. 80 g Eiweiß, 39 g Fett, 4 g Kohlenhydrate = 2985 Joule (713 Kalorien)

MAJORAN

Wie die meisten duftenden Würzkräuter hat auch der Majoran eine interessante mythologische Vergangenheit. Es war das Lieblingskraut der Aphrodite, so glaubten Griechen und Römer. Was Wunder, daß die Kräuterdoktoren der Antike den Verwandten von Oregano und Thymian als potenzförderndes Mittel verschrieben und müde Männer gläubig Majoranwein tranken und sich mit Majoransalbe einrieben.

Ob diese Majorankur Erfolg hatte, ist zweifelhaft. Soviel ist aber gewiß: Majoranöl wirkt antiseptisch, nervenberuhigend. Und vor allem: Es aktiviert die Magensäfte. Mit Majoran läßt sich fast alles würzen, das fett und deftig ist. Angefangen bei herzhaften Lebergerichten wie Leberknödel, Leberpastete oder auch der Leberwurst, über Hülsenfrüchtesuppen, Bratkartoffeln, Kartoffelsuppen, Füllungen für fettes Geflügel, Schweinebraten und Schweineschmalz.

In seiner Urheimat dagegen, den Mittelmeerländern, ist Majoran aus der Mode gekommen. Hier gibt man dem frischer und pikanter schmeckenden Oregano und dem blumigen Thymian den Vorzug.

Majoran gehört zu den wenigen Kräutern, denen das Trocknen nicht allzu sehr schadet. Allerdings: Auch er schmeckt duftiger und viel weniger derb, wenn er frisch ist. Darum sollten Sie die Zeit nützen, in der es ihn bundweise auf dem Markt zu kaufen gibt.

Leberwurst mit Majoran

Ergibt 5 Gläser à 500 g:
250 g Zwiebeln
500 g fetter geräucherter
Speck (ohne Schwarte)
1 kg Kalbs- oder Jungrind-
leber
250 g frischer ungeräucher-
ter Rückenspeck
500 g Schweinemett
Salz
2 El Majoran (getrocknet)
1 gestrichener El schwarze
Pfefferkörner (grob zer-
stoßen)
1/8 l Brühe (Instant)

Die Zwiebeln pellen und grob würfeln. 100 g fetten Speck würfeln und ausbraten. Die Zwiebeln 5 Minuten darin glasig dünsten. Die Leber in große Streifen schneiden und zu den Zwiebeln geben.

Leberstreifen von jeder Seite 2 Minuten dünsten, dann abkühlen lassen. Inzwischen den restlichen fetten Speck und den Rückenspeck in Streifen schneiden.

Leber, Zwiebeln, fetten Speck und Rückenspeck zuerst durch die grobe, dann durch die mittlere Scheibe des Fleischwolfs drehen. Mit

Mett, Salz, Majoran, Pfeffer und Brühe verkneten und würzen.

In Gläser füllen (bis ungefähr 3 cm unter den Rand). Die Gläser auf die Arbeitsfläche stoßen, damit die Luft entweicht. Mit Gummiringen und Drahtbügeln verschließen. In die Saftpfanne auf die unterste Einschubleiste des Backofens setzen. 1 1/2 l kochendes Wasser in die Saftpfanne gießen. Die Leberwurst bei 150 Grad (Gas 1) 1 1/2 Stunden sterilisieren. Herausnehmen, mit einem heißen, feuchten Tuch zudecken und bei Zimmer-

temperatur kalt werden lassen.

Tip: Wer einen Teil der Leberwurst gleich essen möchte, kann bis zu 1 kg in einer geschlossenen Terrinenform im Ofen garen: Dann braucht die Wurst 50 Minuten.

Pro Portion (bei 40 g) ca. 5 g Eiweiß, 14 g Fett, 1 g Kohlenhydrate = 650 Joule (155 Kalorien)

MAJORAN

Camembert in Majoran-Vinaigrette

Für 4 Portionen:
250 g Camembert
2-3 El Essig
4 El trockener Weißwein
Salz
5-6 El Sonnenblumenöl
1 Tl schwarze Pfefferkörner
1/2 Bund Frühlingszwiebeln
1/2 Bund Majoran

Den Camembert in Stücke schneiden und in eine flache Schale legen. Aus Essig, Weißwein, 1 Prise Salz und dem Öl eine Sauce rühren. Die Pfefferkörner im Mörser grob zerstoßen. Die Frühlingszwiebeln putzen, waschen und in sehr dünne Scheiben schneiden. Die Majoranblätter von den Stielen zupfen. Pfeffer, Frühlingszwiebeln und Majoranblätter mit der Vinaigrette über die Camembertstücke geben, alles gut miteinander mischen, zudecken und bei Zimmertemperatur ungefähr 2 Stunden durchziehen lassen.

Dann etwa 30 Minuten kühl stellen. Mit Roggenbrötchen oder Vollkornbrot und Tomaten als kleine Abendmahlzeit servieren.

Pro Portion ca. 12 g Eiweiß, 28 g Fett, 2 g Kohlenhydrate = 1403 Joule (335 Kalorien)

Sommerlicher Bohneneintopf

Für 4-6 Portionen:
1 Gemüsezwiebel
400 g Kartoffeln
1 rote Paprikaschote
20 g Butter oder Margarine
1 l Hühnerbrühe (Instant)
1 Pk. Brechbohnen
(TK, 300 g)
400 g Kasseler (ohne Knochen)
1/2 Bund Majoran
Salz, Pfeffer a. d. Mühle
2-3 El Saucenbindemittel (hell)

Zwiebel pellen. Kartoffeln schälen, waschen. Paprikaschote vierteln, waschen und die Kerne entfernen. Die Zutaten in mittelgroße Würfel schneiden.

Zwiebel in der heißen Butter oder Margarine glasig dünsten. Kartoffeln dazugeben und kurz andünsten. Mit Hühnerbrühe auffüllen. Bohnen unaufgetaut dazugeben und zugedeckt 10 Minuten bei mittlerer Hitze garen. Paprikawürfel dazugeben und 5 Minuten kochen. Inzwischen das Fleisch in mundgerechte Würfel schneiden und die Majoranblätt-

chen von den Stengeln zupfen.

Kasseler und Majoran in die Suppe geben, mit Salz und Pfeffer abschmecken. Die Suppe aufkochen. Saucenbindemittel einstreuen, nochmals aufkochen und servieren.

Pro Portion (bei 6 Portionen) ca. 18 g Eiweiß, 15 g Fett, 19 g Kohlenhydrate = 1233 Joule (295 Kalorien)

MEERRETTICH

Mit Meer hat sein Name nichts zu tun, sondern mit „Mähre", dem altertümlichen Ausdruck für Pferd. Im Volksmund aber hat der Pferderettich noch bezeichnendere Namen, nämlich Rachenputzer oder Pfefferwurzel. Denn er schmeckt höllisch scharf und brennt in der Nase. Außer den Chillies gibt es kein frisches Gewürz, das es ihm an Schärfe gleichtut.

Die ausdauernde Staude mit den länglichen kräftigen Blättern und den dicken Pfahlwurzeln stammt aus Osteuropa und wird seit ungefähr 800 Jahren bei uns angebaut. Vor allem in Bayern und im östlichen Europa ist sie beliebt. Haupterntezeit ist der Herbst, dann hat die Wurzel auch die meiste Würzkraft. Im Frühling läßt das

Aroma deutlich nach. Meerrettich ist ausgesprochen gesund. Er hat doppelt soviel Vitamin C wie die Zitrone und außerdem reichlich Mineralstoffe, vor allem Kalium, Kalzium, Eisen und Phosphor. Er regt die Verdauung an und macht fettes Essen bekömmlicher. Meerrettich sollten Sie vor allem im Herbst und im Winter frisch verwenden, denn frisch hat er bei aller

Schärfe noch ein angenehmes nußartiges Aroma, das konserviertem Meerrettich fehlt. Ein Tip: Wer sich die Arbeit sparen will, kann frisch geriebenen Meerrettich auch in guten Fischgeschäften kaufen. Am besten schmeckt aber immer noch der selbstgeriebene. Ihn selbst zu reiben, ist eine ziemlich unangenehme Sache, weil das im Meerrettich enthaltene ätherische Öl die Schleimhäute reizt. Darum: Meerrettich immer nur am offenen Fenster reiben. Dann sofort mit Zitronensaft beträufeln und ab-

decken, damit er sich nicht verfärbt. Und: Meerrettich immer erst zum Schluß an warme Gerichte geben und nie mitkochen lassen, sonst verfliegt sein Aroma.

Wenn Sie nicht den ganzen Meerrettich auf einmal aufbrauchen: Die Stange hält sich längere Zeit, wenn man sie eingewickelt in das Gemüsefach des Kühlschranks legt.

Buchweizen-pfannkuchen mit Räucherlachs und Meerrettichsahne

Für 6 Portionen:
50 g Buchweizenmehl
50 g Mehl
2 Eier (Gew.-Kl. 2)
Salz, 1 Prise Zucker
3 Tl Öl
1 Bund Dill, 200 g Crème fraîche
1 Stück Meerrettich (ca. 10 cm)
6 Scheiben Räucherlachs (ca. 250 g)

Buchweizenmehl und Mehl mischen, mit 3/8 l kaltem Wasser anrühren und 20 Minuten ausquellen lassen. Dann die Eier unterrühren, mit wenig Salz und Zucker würzen. Eine kleine Pfanne dünn mit Öl auspinseln und nacheinander 6 kleine Pfannkuchen bei milder Hitze abbacken (von jeder Seite 3 bis 4 Minuten). Im Ofen warm stellen. Etwa 2/3 von dem gewaschenen, trockengeschüttelten Dill von den groben Stielen zupfen, hacken und mit der Crème fraîche vermischen. Meerrettich schälen und raffeln, 2 1/2 El mit der Sauce verrühren, Sauce leicht mit Salz würzen.

Die Pfannkuchen mit Lachsscheiben und dem restlichen, von den groben Stielen gezupften Dill belegen, auf Tellern anrichten. Die Meerrettichsahne darüber verteilen. Den restlichen Meerrettich darüberraffeln, sofort servieren.

Pro Portion ca. 15 g Eiweiß, 25 g Fett, 16 g Kohlenhydrate = 1518 Joule (363 Kalorien)

MEERRETTICH

Folienkartoffeln mit Meerrettichbutter

Für 6 Portionen:
6 große Kartoffeln
(ca. 1 kg)
Salz
50 g frischer Meerrettich
1 – 2 Tl Zitronensaft
1 Bd. Dill
150 g Butter
Salz, Pfeffer a.d. Mühle
Worcestershiresauce

Die Kartoffeln mit der Bürste unter fließendem Wasser gründlich schrubben, mit der Schale in kochendem Salzwasser 20 Minuten vorgaren. Den Meerrettich waschen, schälen, auf der Haushaltsreibe (oder in der Küchenmaschine) fein reiben, sofort mit Zitronensaft beträufeln. Dill hacken, 1 Tl Dill mit Meerrettich unter die Butter rühren, mit Salz, Pfeffer und Worcestershiresauce würzen. Butter in Alufolie zur Rolle formen, 15 Minuten ins Gefrierfach legen.

Die Kartoffeln einzeln in Alufolie wickeln, im vorgeheizten Backofen bei 200 Grad (Gas 3) 20 – 25 Minuten backen.

Butter vor dem Servieren aus der Folie nehmen, im restlichen Dill wälzen und in 12 Scheiben schneiden.

Die Folie der Kartoffeln etwas öffnen, die Kartoffeln kreuzweise einschneiden, etwas zusammendrücken. Zu jeder Kartoffel 2 Scheiben Butter servieren.

Pro Portion ca. 3 g Eiweiß, 21 g Fett, 26 g Kohlenhydrate = 1311 Joule (313 Kalorien)

Rote Bete mit Meerrettichsauce

Für 4 Portionen:
1 kg Ochsenbrust
3 l Brühe (Instant)
750 g Rote Bete
30 g Butter oder Margarine
30 g Mehl
1/8 l Schlagsahne
30 g geriebener Meerrettich
Salz, Pfeffer a.d. Mühle
1-2 Bund Schnittlauch

Ochsenbrust in die Brühe geben, aufkochen lassen und abschäumen. Bei milder Hitze im offenen Topf etwa 2 1/2 Stunden garen.
Rote Bete waschen und zugedeckt 30-40 Minuten bei mittlerer Hitze garen.
Rote Bete abgießen, kalt abschrecken und pellen. Das Fleisch aus der Brühe nehmen und in Alufolie gewickelt warm halten.
Butter oder Margarine zerlassen, das Mehl darin anschwitzen. 1/2 l Brühe abmessen und nach und nach unter Rühren zu dem Gemisch geben.

Aufkochen lassen, Sahne zugeben und 10 Minuten leise ziehen lassen. Dann mit Meerrettich, Salz und Pfeffer würzen.
Fleisch würfeln und zur Sauce geben. Rote Bete in Scheiben schneiden, Sauce darübergießen. Den Schnittlauch in Röllchen schneiden und darüberstreuen.

Pro Portion ca. 36 g Eiweiß, 59 g Fett, 20 g Kohlenhydrate = 3310 Joule (792 Kalorien)

MINZE

Sich in der großen Familie der Minze auszukennen, ist schon eine Wissenschaft für sich. Denn wie bei kaum einer anderen Pflanzenart üblich, haben die unterschiedlichen Mitglieder der Minzfamilie die Tendenz, sich untereinander zu kreuzen, so daß ständig neue Arten, Unterarten und Unter- Unterarten entstehen.

So viel ist aber klar: Die Minze stammt aus dem Mittelmeerraum. Daß sie bei uns heimisch wurde, ist ein Verdienst der Römer, die sie als Heilkraut, als Gewürz und als Aphrodisiakum schätzten und sie im Gepäck der Legionäre mit ins Land der Gallier und der Germanen brachten. Minze wächst inzwischen in fast allen gemäßigten Regionen Europas und Asiens wild und im Garten. Am weitesten verbreitet unter den wilden Minzen sind die Wasser- oder Bachminze,

die einen feuchten Standort bevorzugt, und die Ackerminze, die an Wegrändern wächst. Beide sind für die Küche nicht besonders gut geeignet, da ihr Aroma zu derb ist.

Ebensowenig geeignet ist auch die Pfefferminze, die eine Kreuzung aus Wasserminze und Grüner Minze ist. Denn sie hat ein zu strenges Mentholaroma. Man braucht sie darum hauptsächlich, um Pfefferminztee herzustellen, daneben aber auch, um Pfefferminzöl zu gewinnen, das in

der Süßwarenindustrie ebenso verwendet wird wie etwa bei der Herstellung von Parfüms und Kosmetika.

Ein ausgezeichnetes Gewürz ist dagegen die Grüne Minze, in England als Spearmint bekannt. Eine der wohlschmeckendsten Zuchtformen der Grünen Minze ist die Krause Minze, die keine glatten, sondern krause Blätter hat. Ausgezeichnet für den Küchengebrauch sind auch Apfel- oder Ananasminze geeignet, beides ebenfalls Züchtungen aus der Grünen Minze, die

man beide an ihren runden Blättern erkennen kann.

In der Küche wird Minze in den unterschiedlichsten Regionen der Welt verwendet. In England zum Beispiel, aber auch in Indien, in Afghanistan oder in Persien. Man würzt dort mit ihr nicht nur Süßspeisen, sondern auch Saucen, Chutneys, frische Salate, Suppen und Gemüse, zum Beispiel Erbsen, Gurken, Tomaten und Auberginen. Sie paßt auch zu einigen Fleischsorten, zum Beispiel zu Ente und Huhn, zu Lamm und zu Hack.

Da Minze einen so eigenständigen, pikant pfeffrigen Geschmack hat, sollte man sie möglichst nicht mit anderen Kräutern zusammen verwenden.

Minze ist ein ausgesprochenes Sommerkraut. Wer ihr Aroma auch im Winter genießen will, sollte sie nicht trocknen, sondern einfrieren.

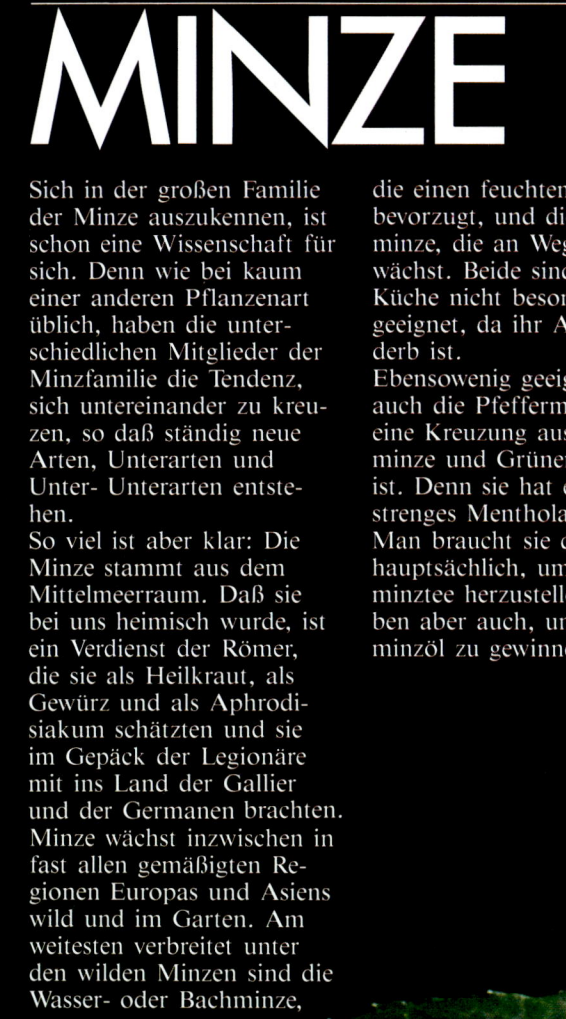

Erdbeersalat auf Joghurt mit Vanilleeis

Für 4 Portionen:
200 g Sahnejoghurt
4 El Zitronensaft
2 El Zucker
4 El Erdbeerlikör
12 Stiele Minze
1 kg großfruchtige Erd-
beeren
4 Kugeln Vanilleeis

Den Sahnejoghurt mit Zitronensaft, Zucker und Erdbeerlikör verrühren.
Die Minze waschen, trockenschütteln und die Blätter abzupfen. Stengelspitzen zum Garnieren beiseite legen. Die Blätter in feine Streifen schneiden und in die Sauce geben.
Die Erdbeeren waschen und putzen. Die Früchte längs dünnblättrig aufschneiden und sternförmig auf einem Teller anrichten, zuerst eine Schicht, dann eine zweite darüber.
Die Sauce in die Mitte füllen, die Kugel Vanilleeis darauf-

setzen. Mit den zurückbehaltenen Minzeblättern garnieren.

Pro Portion ca. 4 g Eiweiß, 20 g Fett, 33 g Kohlenhydrate = 1413 Joule (363 Kalorien)

MINZE

Milchreis mit Kirschkompott und Minz-Mandel-Sauce

Für 4 Portionen:
100 g Mandeln
1 1/8 l Milch
200 g Zucker, 1 Prise
Salz
200 g Milchreis
500 g Sauerkirschen
3/8 l Sauerkirschsaft
3 El Rotwein
1 El Speisestärke
200 ccm Schlagsahne
ca. 15 bis 20 Minze-
blätter

Die Mandeln einmal aufkochen lassen, abschrecken und abziehen. Auf Küchenpapier ausbreiten und trocken werden lassen.
Die Milch mit 80 g Zucker und der Prise Salz zum Kochen bringen. Den Reis einstreuen und bei milder Hitze ca. 40 Minuten zugedeckt ausquellen lassen. Die Sauerkirschen waschen und entsteinen. Den Sauerkirschsaft mit 100 g Zucker aufkochen. Rotwein mit der Speisestärke verrühren und zugießen. Einmal unter Rühren aufkochen lassen. Dann die Kirschen zugeben. Den Topf so-

fort danach von der Herdplatte nehmen. Milchreis und Kompott kalt werden lassen. Vor dem Servieren die Mandeln mahlen, mit den restlichen 20 g Zucker und der Sahne verrühren. Die Minzeblätter in feine Streifen schneiden und unter die Sauce rühren. Sauce mit Reis und Kirschkompott als süßes Hauptgericht (für 4 Portionen) oder als Dessert (für 6 Portionen) servieren.
Pro Portion (bei 4 Portionen) ca. 19 g Eiweiß, 40 g Fett, 13 g Kohlenhydrate = 4467 Joule (1108 Kalorien)

Frühlingsgemüse mit scharfer Kokossauce

Für 6 Portionen:
1 kleine Kokosnuß
1 Zwiebel
1 Handvoll frische Minze
1 Bund glatte Petersilie
1 El Öl
1 Tl Sambal oelek
3/8 l Kefir, Vollmeersalz
750 g Blumenkohl
500 g Prinzeßbohnen
500 g Bundmöhren
45 g Butter oder Margarine
3/8 l Gemüsebrühe

Den Backofen auf 175 Grad (Gas 2) vorheizen. Die Augen der Kokosnuß mit einem Korkenzieher aufbohren. Die Milch durch eine Filtertüte gießen und auffangen.
Die Nuß auf dem Rost auf der 2. Einschubleiste von unten 15 Minuten backen. Die Nuß zerschlagen, das Fleisch herausnehmen, schälen und in Stücke schneiden. 150 g davon im Mixer zerkleinern. Die Zwiebel pellen und sehr fein hacken. Minze und Petersilie abzupfen (einige Blätter Minze beiseite legen) und fein hacken.
Die vorbereiteten Zutaten

mit der Kokosmilch, Öl, Sambal und Kefir verrühren, salzen und kühl stellen.
Gemüse waschen, putzen, den Blumenkohl in Röschen vom Strunk schneiden. Getrennt in je 15 g Butter oder Margarine und je 1/8 l Brühe zugedeckt bei milder Hitze 15-18 Minuten garen, mit Salz würzen.
Gemüse auf einer großen Platte anrichten und mit etwas Kokossauce beträufeln, den Rest Sauce mit Minze garniert getrennt reichen.
Pro Portion ca. 9 g Eiweiß, 18 g Fett, 15 g Kohlenhydrate = 1098 Joule (262 Kalorien)

MUSKAT

Zum Beginn der Lehrzeit gibt der Koch seinem Lehrling eine Muskatnuß. „Aber den Rest davon mußt du mir wiedergeben, wenn deine Lehre beendet ist", sagt er. Diese alte Anekdote zeigt zweierlei: wie sparsam man Muskat verwenden muß, und außerdem, wie lange die ganze, also ungemahlene Nuß ihr Aroma behält. Drei Jahre und mehr kann man sie durchaus verwenden. Gemahlenen Muskat dagegen sollte man höchstens für Weihnachtsgebäck kaufen. Und sofort verwenden. Denn er verliert schnell sein Aroma. Muskatnuß ist der Samenkern eines Baumes, der ursprünglich auf den Molukken beheimatet ist, heute aber überall in den Tropen wächst. Dieser bis zu 15 Meter hohe Baum kann pro Jahr bis zu 2000 Muskatfrüchte tragen, die ähnlich wie Aprikosen aussehen. Ihr eirunder, etwa haselnußgroßer Samenkern ist die Muskatnuß. Die Haut, die diesen Samenkern umgibt und die beim Tocknen gelblichbraun wird, verwendet man ebenfalls als Gewürz, und zwar unter dem Namen Macis oder Muskatblüte. Muskatnuß und Macis sind übrigens ganz ähnlich im Geschmack: gewürzhaft, süßbitterlich und scharf, etwas an Moschus und an Weihrauch erinnernd.

Früher glaubte man, Muskat sei eine Medizin gegen vielerlei Krankheiten. Heute weiß man: Ein Zuviel von Muskat kann sogar schädlich sein. Schon 15 g können bei einem Erwachsenen Rauschzustände und Herzbeklemmungen auslösen. Am besten man schafft sich eine kleine Muskatreibe an und reibt sich bei Bedarf etwas von der Nuß ab.

Muskat kann man mitkochen oder erst am Ende der Garzeit an die Speisen geben. Macis sollte man dagegen immer mitkochen: ein Stück, etwa streichholzgroß, abbrechen, in Suppe, Brühe oder Sauce mitkochen lassen und vor dem Servieren herausnehmen. Muskat paßt zu allen fernöstlichen Gewürzen, darum gehört er auch zum Beispiel ins Curry, in die Gewürzmischung fürs Weihnachtsgebäck oder die für Pasteten. Zu intensiven frischen Kräutern dagegen paßt Muskat nicht.

Und dazu sollte man ihn mal probieren: zu Spinat, Rosenkohl, Blumenkohl, Wirsing oder auch Schwarzwurzeln. Zu Käsesaucen, ins Käsefondue, an Käsegebäck. An Bechamelsaucen und ins Kalbsfrikassee. An Hackteig, aber auch an Muschelsud oder Fischsud. Ein Hauch paßt an Rahmsuppen und an klare Brühen.

Rhabarber-Tarte mit Muskatstreuseln

Für 8 Stücke:
Teig:
125 g Mehl, 50 g Zucker
1 Eigelb, 1 Prise Salz
65 g Butter oder feste Margarine (eiskalt)
Belag:
70 g Weißbrotkrumen
65 g Butter oder Margarine
100 g Zucker, Muskatnuß (frisch gerieben)
500 g Rhabarber
Streusel:
200 g Mehl, 100 g Zucker
Muskatnuß (frisch gerieben)
150 g Butter oder Margarine

Für den Teig Mehl und Zucker mischen, eine Mulde in die Mitte drücken und das Eigelb, 1 El Eiswasser und das Salz in die Mulde geben. Butter oder Margarine in Flöckchen auf dem Mehlrand verteilen. Alles mit einem großen Küchenmesser zusammenhacken. Dann schnell zu einem glatten Teig verkneten. In Folie einwickeln. 30 Minuten kühl stellen.
Inzwischen die Weißbrotkrumen in der aufgeschäumten Butter oder Margarine hellbraun rösten. 40 g Zucker unterrühren. Die Mischung

mit Muskatnuß würzen (6-8 mal über die Reibe gehen). Den Rhabarber waschen, abziehen und in 1 cm lange Stücke schneiden.
Dann die Streusel zubereiten. Dafür Mehl und Zucker in einer Schüssel mischen. Mit Muskatnuß würzen (6-8 mal über die Reiben gehen). Butter oder Margarine in Flöckchen zugeben und alles mit den Fingerspitzen zu Streuseln verkneten. Bis zur Verwendung kühl stellen.
Den Teig noch einmal kurz durchkneten. Zu einer runden Teigplatte von ca. 28 cm ∅ ausrollen. Eine Tarteform

von ca. 24 cm ∅ damit auslegen, den Rand andrücken. Die Krumen darauf verteilen. Den Rhabarber und den restlichen Zucker darübergeben. Dann die Streusel darüber verteilen.
Die Tarte auf den Boden des auf 200 Grad vorgeheizten Backofens (Gas 3) stellen und 15 Minuten backen. Dann auf der oberen Einschubleiste weitere 8-10 Minuten backen. Noch lauwarm mit halbsteif geschlagener Sahne servieren.

Pro Stück ca. 5 g Eiweiß, 27 g Fett, 67 g Kohlenhydrate = 2329 Joule (556 Kalorien)

MUSKAT

Spargelcremesuppe

Für 4 Portionen:
1 kg weißer Spargel
50 g Butter oder Margarine
1 Tl Zucker
Salz
1 l Gemüsebrühe (Instant)
40 g Mehl
3 El Weißwein
Pfeffer a. d. Mühle
Muskatnuß (frisch gerieben)
1 Bund Petersilie
2 Eigelb
100 g Crème fraîche

Spargel waschen und schälen. Schalen mit 10 g Butter oder Margarine, Zucker und Salz in der Gemüsebrühe 20 Minuten kochen, dann durch ein Sieb gießen.
In der Zwischenzeit den Spargel schräg in Scheiben schneiden. Die restliche Butter oder Margarine zerlassen, das Mehl darin anschwitzen. Brühe unter Rühren zugießen, aufkochen lassen.
Spargel zur Suppe geben und unter gelegentlichem Rühren 10 Minuten darin garen.
Suppe mit Weißwein, Salz, Pfeffer und Muskat würzen. Petersilie sehr fein hacken.

Eigelb und Crème fraîche verquirlen, die Suppe damit binden. Nicht mehr kochen lassen. Mit Petersilie bestreut servieren.

Pro Portion etwa 8 g Eiweiß, 22 g Fett, 13 g Kohlenhydrate = 1236 Joule (297 Kalorien)

Spinat mit Zitronensauce

Für 4 Portionen:
1,5 kg Blattspinat
2 Zwiebeln
60 g Butter oder Margarine
Salz, Pfeffer a. d. Mühle
Muskatnuß (frisch gerieben)
1 Paket Fleischklößchen
(TK, 300 g)
20 g Mehl, 1/8 l Weißwein
1/8 l Brühe (Instant)
1/8 l Schlagsahne
abgeriebene Schale
einer halben Zitrone
(unbehandelt)
2 El Zitronensaft
1-2 Tl Zucker, 1 Eigelb

Spinat putzen und gründlich waschen. Zwiebeln pellen, fein würfeln und in 30 g Fett andünsten. Spinat zugeben, unterrühren und im geschlossenen Topf zusammenfallen lassen. Mit Salz, Pfeffer und Muskat würzen. Fleischklößchen zugeben und zugedeckt 10 Minuten garen.
Restliche Butter oder Margarine in einem Topf zerlassen, Mehl darin anschwitzen und mit Wein, Brühe und Sahne ablöschen. Aufkochen lassen, dann mit Salz, Pfeffer, Zitronenschale, Zitronensaft und Zucker würzen. Eigelb in 3 El Wasser einrühren und die Sauce damit binden. Nicht mehr kochen lassen! Spinat und Klößchen mit der Schaumkelle aus dem Topf nehmen. Abtropfen lassen und mit der Sauce servieren.

Pro Portion ca. 20 g Eiweiß, 35 g Fett, 14 g Kohlenhydrate = 2020 Joule (480 Kalorien)

NELKEN

Die Gewürznelken sind zwar nicht mit den gleichnamigen Blumen verwandt, eins aber haben sie doch mit diesen gemeinsam: Auch sie sind Blüten. Genauer gesagt, sie sind die getrockneten Blütenknospen des immergrünen Nelkenbaumes, dessen Urheimat die Molukken sind.

Vor allem im Mittelalter waren die Nelken ein ebenso begehrtes Gewürz wie etwa Muskat oder Pfeffer. Und ein ebenso teures: So kann man zum Beispiel in Famagusta auf Zypern noch heute eine Kirche bewundern, die ein Kaufmann von dem Erlös einer einzigen Schiffsladung Nelken erbauen ließ.

Kein Wunder, daß die Portugiesen nach der Entdeckung des Seeweges nach Indien nichts Eiligeres zu tun hatten, als die Molukken und damit nicht nur das Nelken-, sondern auch

das Muskatmonopol unter ihre Herrschaft zu bringen. 100 Jahre später nahmen ihnen die Niederländer allerdings die Molukken wieder ab. Aber auch sie hatten nicht sehr lange etwas davon, obwohl sie das Monopol mit Terrormaßnahmen zu verteidigen suchten. Es gelang schon bald den Franzosen, ein paar Nelkenbäumchen von der Insel zu schmuggeln und in ihren Kolonien anzupflanzen. Heute wachsen Nelkenbäume in allen tropischen Ländern. Die besten Nelken stammen aber immer noch von den Molukken.

Nelken werden heute nicht nur in der Küche verwen-

det, sondern zum Beispiel auch in der Parfümindustrie und bei der Likörherstellung. Wegen ihrer antiseptischen Wirkung werden sie auch in der Zahnmedizin gebraucht.

Unzermahlen halten sich Nelken, wenn man sie dunkel und gut verschlossen aufhebt, bis zu zwei Jahre. Sehen sie aber runzlig und staubig aus, dann sollten Sie Ihren Bestand erneuern. Frische und gute Qualität erkennen Sie übrigens anhand eines einfachen Testes: Man gibt die Nelken in Wasser. Schwimmen sie waagerecht direkt an der Oberfläche, dann enthalten sie zu wenig ätherische Öle. Sie sind alt bzw. minderwertig. Hochwertige, frische Nelken schwimmen senkrecht oder sinken auf den Grund.

Nelkenpulver sollten Sie so rasch wie möglich verbrauchen.

Nelkenpulver gehört wie Zimt und Muskat zur klassischen Weihnachtsbäckerei. Nelken schmecken aber auch mindestens ebensogut in pikanten Gerichten. Klassisch ist die mit einer Nelke gespickte Zwiebel zum Würzen von Brühen und Suppen oder Fischsud. Nelken gehören an den Schweinebraten (man kann die Schwarte mit Nelken spicken), an den Sauerbraten, sie schmecken an der Ente und passen zu vielen Wildgerichten. Sie gehören an den Rotkohl, an Apfel-, Birnen- oder Pflaumenkompott, an süß-sauer eingelegte Heringe, Gurken oder Rotkohl. Und natürlich gehören sie an Rotweinpunsch oder Feuerzangenbowle.

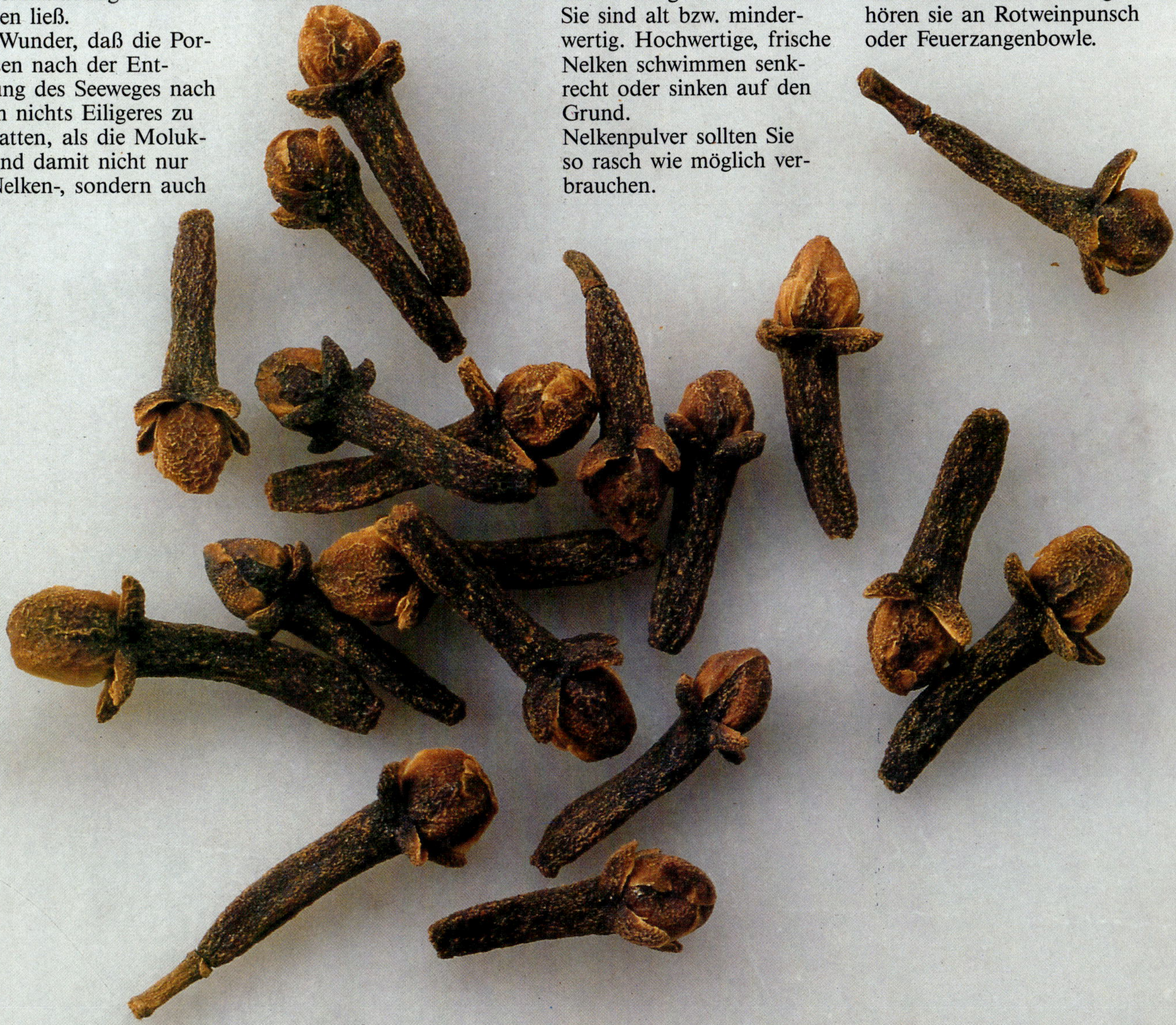

Apfel-Birnen-Salat

Für 4 Portionen:
2 Äpfel (ca. 350 g)
2 Birnen (ca. 400 g)
6 El Zitronensaft
(von 1-2 Zitronen)
30 g Zucker, 4 Nelkenköpfe
1/4 l Riesling (trocken)
50 g Walnußhälften
200 ccm Schlagsahne

Äpfel und Birnen schälen und vierteln, die Kerngehäuse entfernen. Viertel in Spalten schneiden, in Zitronensaft wenden.

Den Zucker in einem breiten Topf karamelisieren lassen. Nelkenköpfe und Riesling zugeben und bei geringer Hitze kochen, bis sich der Karamel gelöst hat. Dann die Obstspalten mit dem Zitronensaft zugeben und je nach Reifegrad 3-5 Minuten bei geringer Hitze garen. Die Spalten dürfen nicht zerfallen. Mit dem Schaumlöffel herausnehmen und abgetropft auf Teller legen.

Den Sud im offenen Topf leicht sirupartig einkochen. Die Nußhälften zugeben und darin wenden, bis sie glänzen. Dann die Sauce über dem Obst verteilen und mit halbsteif geschlagener Sahne servieren.

Pro Portion ca. 4 g Eiweiß, 25 g Fett, 33 g Kohlenhydrate = 1563 Joule (374 Kalorien)

NELKEN

Hot Irish
(Whiskey-Grog)

Für 1 Glas:
1 Tl brauner Zucker
1 Zitronenachtel
5 Nelkenköpfe
4 cl irischer Whiskey
Ein vorgewärmtes Grogglas
zu zwei Dritteln mit kochendem Wasser füllen, den
Zucker darin auflösen. Die
Zitrone mit Nelken spicken
und zugeben, mit Whiskey
auffüllen. Kurz ziehen lassen
und heiß servieren.

Ente mit Mandel-Pflaumen-Füllung

Für 4 Portionen:
1 Ente (ca. 2,2 kg)
Salz, Pfeffer a.d. Mühle
400 g Kurpflaumen
(ohne Stein)
100 g Mandelstifte
1/2 Tl Nelkenpulver
1 Msp. Zimtpulver
1 Msp. Korianderpulver
1 Msp. Ingwerpulver
1 El Thymianblättchen
2 Nelkenköpfe
3 El Portwein

Die Ente von innen und außen waschen und abtrocknen, mit Salz und Pfeffer einreiben. Die Innereien in schmale Streifen schneiden, mit 300 g Pflaumen und 70 g Mandelstiften mischen, mit wenig Salz bestreuen, mit gemahlenen Nelken, Zimt, Koriander, Ingwer und 1/2 El Thymian würzen. In die Ente füllen, die Öffnung mit Hölzchen und Fleischfaden schließen.
Den Ofen auf 250 Grad (Gas 5-6) vorheizen. Die Ente in einen Bräter legen, 1/4 l Wasser angießen. Auf die zweite Einschubleiste von

unten setzen und 10 Minuten braten. Dann die Hitze auf 175-200 Grad (Gas 2-3) herunterschalten und ca. 1 1/4 Stunden braten. Ab und zu mit Bratensaft beschöpfen. Sobald der Bratensaft verkocht ist und sich kräftige Röststoffe bilden, nach und nach 1/4-3/8 l Wasser zugießen und die Röststoffe mit einem Backpinsel lösen.
Die Ente auf eine Servierplatte legen und im ausgeschalteten Ofen warm stellen. Den Saucenfond durch ein feines Sieb in einen Topf gießen und entfetten. Dann mit den Nelkenköpfen im of-

fenen Topf 4-5 Minuten kochen. Die restlichen Pflaumen, Mandeln und den Thymian zugeben. Mit Portwein abschmecken. Zur Ente servieren.
Dazu schmecken am besten Salzkartoffeln und Rotkohl.
Pro Portion ca. 79 g Eiweiß, 83 g Fett, 76 g Kohlenhydrate = 5761 Joule (1377 Kalorien)

OREGANO

Wenn es ein frisches Kraut gibt, dessen Duft typisch ist für die italienische Küche, dann ist es Oregano. Zwar wächst er seit dem Mittelalter auch bei uns — unter dem Namen Dost findet man ihn in alten Rezeptbüchern — aber er stand bei uns immer im Schatten seines Verwandten, des Majoran. Der Grund: Im Gegensatz zum derben Majoran braucht Oregano die heiße volle Sommersonne, die er bei uns bekanntlich nicht immer findet.

Darum entwickelt er auch nur im Süden sein volles, intensives Aroma. Es ist dem des Majoran ähnlich, nur pikanter und trotz seiner Intensität feiner. Kein Wunder, daß die italienische Küche ohne ihn nicht auskommen kann. Vor allem, wenn es um Tomatengerichte geht. Tomatensuppen, -saucen und -sugos und natürlich Pizzen wären ohne ihn undenkbar. Aber er gehört zum Beispiel auch an Schmorfleisch wie das Osso buco, an Gemüse wie Paprika, Zucchini oder Auberginen. Ausgezeichnet schmeckt er auch an Kartoffelsuppen (an Stelle von Majoran). Und da die Europäer ihn mit in die Neue Welt nahmen, ist er inzwischen auch Bestandteil der lateinamerikanischen Küche. So gehört er zum Beispiel an das mexikanische Nationalgericht Chili con carne. Oregano läßt sich trotz seines intensiven Eigengeschmacks gut mit vielen anderen Kräutern der Mittelmeerküche kombinieren, zum Beispiel mit Thymian oder Rosmarin. Mit Majoran dagegen verträgt er sich gar nicht.

Oregano entfaltet sein volles Aroma besonders durchs Kochen. Darum sollte man ihn spätestens 15 Minuten vor Ende der Garzeit an das Gericht geben. Und lieber zuerst sparsam dosieren. Seine Würzkraft ist nämlich sehr groß. Frischen Oregano kann man in der warmen Jahreszeit bundweise auf dem Markt oder in guten Gemüsegeschäften bekommen. Im Winter gibt es ihn inzwischen auch manchmal frisch, in Kunststofftöpfen gezogen. Dann sollten Sie aber trotzdem lieber die getrockneten Blätter nehmen, die wesentlich intensiver schmecken.

Zucchini und Champignons in Oregano-Vinaigrette

Für 4 Portionen:
400 g Zucchini
400 g Champignons
2 Knoblauchzehen
8 El Öl
Salz
grob zerstoßener schwarzer Pfeffer
1/8 l trockener Weißwein
2-3 El Zitronensaft
1-2 Bund Oregano

Zucchini waschen, putzen und in grobe Stifte schneiden. Champignons waschen, putzen und in dicke Scheiben schneiden. Knoblauch pellen und in dünne Scheiben schneiden. Im heißen Öl zuerst die Zucchini kurz von allen Seiten anbraten, salzen und aus dem Öl heben, auf einer Platte anrichten. Dann die Champignonscheiben ins Öl geben, anbraten, salzen, ebenfalls aus dem Öl heben und zu den Zucchini geben. Beides mit grob zerstoßenem Pfeffer bestreuen. Dann die Knoblauchscheiben in dem restlichen Öl anbraten. Mit Weißwein löschen, mit Zitronensaft abschmecken. Die Oreganoblätter von den Stielen zupfen und über das Gemüse streuen. Den Weinsud darübergießen. Das Ganze gut durchziehen lassen. Als Vorspeise mit Meterbrot servieren.

Pro Portion ca. 2 g Eiweiß, 20 g Fett, 9 g Kohlenhydrate = 1101 Joule (263 Kalorien)

OREGANO

Pizza mit Mozzarella und Oregano

Für 4 Portionen:
200 g Zwiebeln
2 Knoblauchzehen
6 El Öl
40 g Tomatenmark
1 El Paprika (edelsüß)
1 Dose Tomaten
(500 g EW)
Salz, Zucker
Cayennepfeffer
2 Bund frischer Oregano
20 g Hefe
300 g Mehl
300 Mozzarella

Die Zwiebeln und Knoblauchzehen pellen. Die Zwiebeln fein würfeln und in 4 El Öl glasig dünsten. Den Knoblauch dazupressen. Tomatenmark und Paprika unterrühren und leicht anschwitzen, dann die Tomaten grob hacken und zugeben. Die Sauce einmal aufkochen. Mit Salz, Zucker und Cayennepfeffer herzhaft würzen, bei milder Hitze im offenen Topf 20 bis 25 Minuten einkochen lassen. 1 Bund Oregano von den Stielen zupfen, hacken und unterziehen.
Dann den Teig zubereiten. Dafür die zerbröckelte Hefe mit 1 Tl Zucker in 1/8 l Wasser auflösen und zum Mehl gießen. Leicht verrühren, dann mit 1 Tl Salz zu einem glatten Teig verkneten. Zugedeckt an einem warmen Ort 20 Minuten gehen lassen. Den Teig einmal zusammenschlagen und eine Rolle formen. Die Rolle in vier Teile schneiden. Jedes Teigstück zu einem flachen Fladen ausrollen und auf ein dünn geöltes Backblech setzen. Zugedeckt 5 Minuten gehen lassen. Dann die Tomatensauce auf die Fladen streichen. Den Mozzarella in dicke Scheiben schneiden und auf der Tomatensauce verteilen. Mit dem restlichen von den Stielen gezupften und gehackten Oregano bestreuen. Mit dem restlichen Öl beträufeln. Pizza bei 225 Grad (Gas 4) im vorgeheizten Backofen auf der zweiten Einschubleiste von unten 12-15 Minuten backen. Heiß mit Rotwein und Salat servieren.
Pro Portion ca. 25 g Eiweiß, 32 g Fett, 68 g Kohlenhydrate = 2826 Joule (675 Kalorien)

Kalbsgulasch in Oregano-Sauce

Für 4 Portionen:
200 g Zwiebeln
4 El Öl
750 g Kalbsgulasch
1 Knoblauchzehe
1 El Mehl
ca. 300 ccm Hühnerbrühe
Salz, Pfeffer a. d. Mühle
150 g Staudensellerie
100 g Möhren
1/2 El Kapern
1-2 Bund Oregano
6 El Schlagsahne

Die Zwiebeln pellen und längs in Spalten schneiden. 3 El Öl sehr heiß werden lassen, die Gulaschwürfel darin rundum goldbraun anbraten. Dann die Zwiebeln zugeben und andünsten. Die Knoblauchzehe pellen und darüberpressen. Das Fleisch mit dem Mehl bestäuben, gut verrühren und anschwitzen. Dann mit der heißen Brühe auffüllen. Gut umrühren, aufkochen lassen und mit Salz und Pfeffer würzen. Bei milder Hitze zugedeckt 1 1/2 Stunden schmoren. Inzwischen Sellerie und Möhren putzen, waschen und fein würfeln. 10 Minuten vor Ende der Garzeit im restlichen Öl andünsten, dann zusammen mit den Kapern und den abgezupften Oreganoblättern zum Fleisch geben. Alles noch 10 Minuten ziehen lassen. Die Sahne steif schlagen und unterheben. Mit Kartoffeln, Butternudeln oder Reis servieren.

Pro Portion ca. 42 g Eiweiß, 21 g Fett, 143 g Kohlenhydrate = 1960 Joule (469 Kalorien)

PAPRIKA & CO

Ob sie nun Peperoni oder Chillies heißen, ob sie gemahlen als Cayennepfeffer, Chilipulver oder ungarisches Paprikapulver auf den Markt kommen: In jedem Fall handelt es sich um die Früchte eines Nachtschattengewächses namens Capsicum. Dieses Nachtschattengewächs gibt es allerdings in einer Vielzahl von Variationen, deren Früchte sich in Größe, Form und Würze stark voneinander unterscheiden. Allein in seiner Urheimat, der Neuen Welt, gibt es mehr als 40 unterschiedliche Arten, angefangen vom milden Gemüsepaprika bis zum scharfen Cayennepfeffer. Bei uns in Mitteleuropa ist von dieser Vielfalt allerdings noch nicht so viel zu merken, obwohl auch wir schon grüne und rote, kleine und größere, frische und getrocknete Capsicum-Früchte kaufen können, meist unter dem Namen Chillies oder Peperoni. Schlimmer noch: Die bei uns angebotenen Sorten sind sehr unterschiedlich in ihrer Würzintensität. Die Faustregel: Rote sind schärfer als grüne, große milder als kleinere, stimmt keineswegs immer. Darum sollten Sie, wenn Sie mit frischen Peperoni würzen, immer vorher einen Geschmackstest machen: mit dem Finger an der Schnittstelle der längs halbierten, entkernten und unter fließendem Wasser gesäuberten Schote entlangfahren und dann die Fingerspitze vorsichtig ablecken.

Auch mit den gemahlenen Produkten sollten Sie vorsichtig sein. Vor allem, wenn es sich um **Cayennepfeffer** handelt, ein Produkt aus den höllisch scharfen Schoten des Capsicum frutescens. Dasselbe gilt für **Chilipulver,** eine Mischung aus Cayennepfeffer und Gewürzen. Auch bei dem **Gewürzpaprika,** dem Nationalgewürz der Ungarn, ist Vorsicht geboten. Obwohl aller Gewürzpaprika aus ein- und derselben Paprika-Art, dem Capsicum annuum, gewonnen wird, gibt es sehr starke Unterschiede in Schärfe und Aroma. Der Grund: Bei den angebotenen Sorten ist der Anteil der scharfen Samen unterschiedlich hoch. Am höchsten ist er beim scharfen **Rosenpaprika,** beim milden und feinen **Delikatess-** bzw. **Edelsüß-Paprika** ist er wesentlich niedriger. Beide Sorten schmecken fruchtiger nach Gemüsepaprika, ohne übermäßig scharf zu sein. Man kann sie löffelweise ans Gericht geben. Und zwar am besten, indem man sie bei ganz milder Hitze in Fett andünstet, dann entfalten sie am intensivsten ihr Aroma.

Lamm-Chili

Für 4 Portionen:
1 kg Lammfleisch (aus der Keule)
3 El Öl
2 Gemüsezwiebeln (à 400 g)
1-2 Knoblauchzehen
Salz, Cayennepfeffer
2 El Tomatenmark
1/8 l Brühe (Instant)
1 kleine Dose rote Bohnen (265 g EW)
500 g Paprikaschoten (rot, grün und gelb)

Lammfleisch von Sehnen befreien und würfeln. Das Fleisch portionsweise im heißen Öl anbraten.

Zwiebeln und Knoblauchzehen pellen. Zwiebeln vierteln und quer in Scheiben schneiden.

Zwiebeln zum Fleisch geben, Knoblauch dazupressen, beides anbraten, mit Salz und Cayennepfeffer würzen. Tomatenmark unterrühren, mit Brühe auffüllen und 60 Minuten zugedeckt garen.

Bohnen in einem Sieb abspülen und abtropfen lassen, Paprika vierteln, putzen, waschen und würfeln.

Nach 60 Minuten die Paprika zugeben und 15 Minuten garen. Dann die Bohnen unterheben und weitere 5 Minuten garen, eventuell mit Salz und Cayennepfeffer abschmecken.

Pro Portion ca. 55 g Eiweiß, 51 g Fett, 34 g Kohlenhydrate = 1640 Joule (391 Kalorien)

PAPRIKA&CO

Cashew-Frikadellen

Für 12 Stück oder
6 Portionen:
400 g ungeröstete Cashew-
kerne
4 Scheiben Weizentoastbrot
100 g Zwiebeln
1 Knoblauchzehe
50 g Butter oder Margarine
375 g Mett
375 g Beefsteakhack
375 g Rinderhack
3 Eier (Gew.-Kl. 2)
1/2 Tl Cayennepfeffer, Salz
10 El Öl zum Braten

250 g Cashewkerne auf dem ungefetteten Backblech im vorgeheizten Backofen auf der 2. Einschubleiste von unten bei 200 Grad (Gas 3) in 10 - 12 Minuten goldbraun rösten.
Inzwischen das Toastbrot ohne Rinde in kaltem Wasser einweichen. Zwiebeln und Knoblauch pellen. Zwiebeln fein würfeln, Knoblauch durchpressen.
Butter oder Margarine in einer Pfanne erhitzen. Zwiebeln und Knoblauch darin glasig dünsten.
Von den gerösteten Cashew-kernen 50 g beiseite legen,

den Rest grob hacken, Kerne nicht mischen. Das Toast-brot gut ausdrücken.
Aus Mett, Beefsteak- und Rinderhack, Brot, Eiern, angedünsteten Zwiebeln, Knoblauch und gehackten, gerösteten Cashewkernen einen Teig kneten und herzhaft mit Cayennepfeffer und Salz würzen. Anschließend mit nassen Händen 12 Frikadel-len aus dem Teig formen.
Die Frikadellen von beiden Seiten in die ungerösteten, gehackten Cashewkerne drücken und dann portions-weise in jeweils 5 El Öl bei mittlerer Hitze braten (pro

Seite 6 - 8 Minuten). Die ge-bratenen Frikadellen mit den restlichen gerösteten ganzen Cashewkernen bestreuen und mit einem Apfel-Möhren-Sa-lat und Kartoffelpüree (mit Curry gewürzt) servieren.
Pro Stück ca. 26 g Eiweiß, 40 g Fett, 15 g Kohlenhydrate = 2315 Joule (553 Kalorien)

Rotbarsch mit Tomaten

Für 4 Portionen:
1 Rotbarsch (750 g, ge-
schuppt, ohne Kopf)
4-5 El Zitronensaft
Salz, Cayennepfeffer
6 El Öl
1 Glas Kapern
(50 g Abtropfgewicht)
100 g gefüllte Oliven
250 g Zwiebeln
750 g Tomaten
1/2 Bund glatte Petersilie

Den Rotbarsch waschen, trockentupfen und in eine flache Auflaufform legen. 3 El Zitronensaft mit Salz, Cayennepfeffer und 2 El Öl verrühren, über den Fisch gießen und 30 Minuten ziehen lassen.

Kapern und Oliven abtropfen lassen. Zwiebeln pellen, halbieren und in Scheiben schneiden. Tomaten vierteln. Zwiebeln im restlichen Öl glasig dünsten. Oliven in Scheiben schneiden, mit Kapern und Tomaten zu den Zwiebeln geben und 10 Minuten offen garen.

Das Gemüse mit Salz, restlichem Zitronensaft und Cayennepfeffer würzen und über den Fisch geben. Bei 200 Grad (Gas 3) ca. 30 Minuten auf der zweiten Einschubleiste von unten garen. Petersilie hacken und vor dem Servieren über den Fisch streuen.

Pro Portion ca. 29 g Eiweiß, 24 g Fett, 11 g Kohlenhydrate = 1640 Joule (391 Kalorien)

121

PAPRIKA & CO

Paprika-Auflauf

Für 4 Portionen:
3 rote Paprikaschoten
1 grüne Paprikaschote
100 g Zwiebeln
2 El Öl
750 g gemischtes Hack
100 g Paprikamark (a. d. Tube)
Salz, Pfeffer a. d. Mühle
Paprikapulver (edelsüß)
2 El Mehl
20 g Butter oder Margarine
1/4 l Brühe
1 Pk. Sahneschmelzkäse (200 g)
120 g Gouda (grob geraffelt)
Fett für die Form

Paprikaschoten vierteln, putzen und waschen. Die roten Schoten auf einem Backblech flachdrücken. Im vorgeheizten Backofen bei 250 Grad (Gas 5 - 6) auf der obersten Einschubleiste so lange backen, bis die Haut dunkel wird und Blasen wirft. Dann herausnehmen und ein feuchtes Tuch über die Paprika legen. Die grüne Paprika würfeln.
Zwiebeln pellen, würfeln und im Öl glasig dünsten. Hack zugeben und krümelig anbraten. Mit Paprikamark, Salz, Pfeffer und Paprikapulver würzen. Die Paprika-

würfel unterrühren.
Das Mehl im Fett anschwitzen, mit Brühe auffüllen und 5 Minuten kochen lassen. Schmelzkäse und die Hälfte des Gouda unterrühren, mit Salz und Pfeffer würzen.
Roten Paprika häuten. Abwechselnd mit Hackmischung und Käsesauce in eine gefettete Auflaufform schichten und mit dem restlichen Käse bestreuen. Im vorgeheizten Backofen bei 200 Grad (Gas 3) 30 - 35 Minuten überbacken.

Pro Portion ca. 65 g Eiweiß, 72 g Fett, 15 g Kohlenhydrate = 4191 Joule (1000 Kalorien)

Putenbrust in Zitronen-Marinade

Für 4-6 Portionen:
700 g Putenbrustfilet
Salz
Pfeffer a. d. Mühle
8 El Öl
2 Zitronen mit unbehandelter Schale
1 rote Peperoni
Zucker
1/2 Bund Schnittlauch

Putenfleisch mit Salz und Pfeffer würzen und in 3 El heißem Öl rundherum kräftig anbraten. Fleisch zugedeckt bei mittlerer Hitze 25 - 30 Minuten garen, dabei einmal wenden.

Zitronen heiß abspülen. Schale einer Zitrone mit der feinen Seite einer Reibe in feinen Streifen ablösen.

Die zweite Zitrone zur Hälfte in Scheiben schneiden, andere Hälfte auspressen.

Peperoni aufschlitzen, die Kerne herauskratzen. Schote abspülen und in feine Würfel schneiden.

Zitronensaft mit den Zitronenschalenstreifen, Peperoniwürfeln, Salz, Zucker und restlichem Öl verrühren. Fleisch abkühlen lassen. Marinade mit dem Bratfond verrühren.

Fleisch lauwarm in sehr dünne Scheiben schneiden, mit Zitronenscheiben anrichten und mit der Marinade begießen. Mindestens 1 Stunde kalt stellen. Schnittlauch in Röllchen schneiden, darüberstreuen. Dazu paßt Baguette.

Pro Portion (bei 6 Portionen) ca. 28 g Eiweiß, 14 g Fett, 1 g Kohlenhydrate = 1100 Joule (263 Kalorien)

PETERSILIE

Sie ist wohl das populärste Küchenkraut überhaupt. Kein anderes frisches Kraut wird in europäischen Küchen so häufig verwendet wie sie. Ja, sogar in den kulinarisch so spartanischen Zeiten nach dem Ersten Weltkrieg, als bei uns die meisten Kräuter und Gewürze von Thymian bis hin zu Koriander in Vergessenheit gerieten, mochten die deutschen Hausfrauen auf Petersilie nicht verzichten. Das bedeutet aber noch lange nicht, daß wir auch richtig mit ihr umzugehen wissen. Wie könnte es sonst passieren, daß bei uns nicht die glatte Petersilie, sondern die krause die Starrolle spielt, obwohl die viel weniger aromatisch schmeckt als ihre glatte Verwandte.

Krause Petersilie sollten Sie möglichst nur dann verwenden, wenn Sie optische Effekte erzielen wollen: also zum Garnieren von Platten, oder auch dann, wenn Sie zum Beispiel einer Sauce oder Mayonnaise einen intensiv grünen Farbton geben wollen, ohne daß der Petersiliengeschmack allzu stark in den Vordergrund rückt. Von der krausen Petersilie können Sie nämlich mindestens dreimal soviel nehmen wie von der glatten, um dieselbe Geschmacksintensität zu bekommen. In allen übrigen Fällen sollten Sie der glat-

ten den Vorzug geben, denn sie schmeckt nicht nur kräftig, sie hat auch ein würzigeres und zugleich feineres Aroma.

Die glatte Petersilie hat allerdings einen Nachteil: Sie ist lange nicht so robust wie die krause und wird viel schneller welk. Darum sollten Sie besonders sorgsam mit ihr umgehen: Also direkt nach dem Kaufen waschen, trockenschütteln, die Stielenden abdrehen oder -schneiden und die Stengel in Wasser stellen. Oder die gewaschenen Stengel naß in Küchenpapier wickeln und in den Kühlschrank legen. (So sollten Sie natürlich auch die robustere krause behandeln.)

Übrigens: Petersilie hält sich gehackt wie ungehackt auch ausgezeichnet in der Tiefkühltruhe.

Von der Petersilie kann man nicht nur die Blätter verwenden. Auch in den Stengeln steckt ein intensives Petersilienaroma. Man hackt sie oder gibt sie ganz, zum Bund zusammengehalten, an Suppen oder Saucen, und zwar schon zu Beginn der Garzeit, damit sie ihr Aroma abgeben können (ganze Stengel werden vor dem Servieren natürlich herausgenommen). Die gehackten Blätter sollte man dagegen erst ganz kurz vor dem Ende der Garzeit an die Gerichte geben. Längeres Kochen bekommt ihrem Aroma nämlich nicht.

In einem sind sich glatte und krause Petersilie bei allen geschmacklichen Unterschieden gleich: Sie sind beide ungeheuer gesund. Sie enthalten reichlich Vitamin A, Vitamine der B-Gruppe und Vitamin C. Sie sind außerdem appetitanregend und aktivieren die Lebertätigkeit.

Frühlingsgemüse in Petersilienbutter

Für 4 Portionen:
250 g Spargel
250 g Möhren
250 g Zuckerschoten
50 g Butter
1/8 l Brühe (Instant)
3 Bund glatte Petersilie
ca. 1 El helles Saucen-
bindemittel
Salz
Pfeffer a. d. Mühle
1 Tl Zucker
1 Tl abgeriebene Zitronen-
schale (unbehandelt)

Spargel und Möhren schälen und schräg in Scheiben schneiden. Zuckerschoten entfädeln, waschen und schräg in Stücke schneiden. Spargel und Möhren in der Butter andünsten, Brühe zugießen und das Gemüse im geschlossenen Topf bei milder Hitze 10 Minuten garen. Dann die Zuckerschoten zugeben und weitere 5 Minuten garen.
Petersilie waschen und trockenschütteln, von den Stielen zupfen und sehr fein hacken. Saucenbindemittel zum Gemüse geben und auf-

kochen lassen. Petersilie zugeben und alles mit Salz, Pfeffer und Zucker herzhaft abschmecken. Mit Zitronenschale bestreuen und sofort servieren.
Dazu paßt Filetsteak.
Pro Portion ca. 3 g Eiweiß, 11 g Fett, 12 g Kohlenhydrate = 684 Joule (164 Kalorien)

PETERSILIE

Petersiliensauce

Für 4-6 Portionen:
1/8 l Hühnerbrühe
(frisch oder aus dem Glas)
4 Eigelb (Gew.-Kl. 2)
1 Tl Dijonsenf, 50 ccm Öl
1 Bund glatte Petersilie
1 Bund krause Petersilie
40 g Pistazienkerne, Salz
Pfeffer a. d. Mühle
Zitronensaft

Die Hühnerbrühe erhitzen, Eigelb mit Senf in einem Topf verrühren, die heiße Brühe nach und nach mit den Quirlen des Handrührers unterschlagen. Entweder über dem Wasserbad oder auf der Automatikplatte des E-Herdes (Stufe 2-3) unter ständigem Rühren abschlagen, bis die Sauce bindet. Dann vom Herd nehmen. Den Topf in Eiswasser stellen und die Sauce kalt schlagen, dabei das Öl tropfenweise unterschlagen. Die Petersilie waschen und trockenschütteln. Sehr fein hacken, 1 El beiseite stellen. Die Pistazienkerne mahlen. Pistazienkerne mit der Petersilie unter die Sauce rühren. Die Sauce mit Salz, Pfeffer und Zitronensaft würzen. Bis zum Servieren kühl stellen. Dann mit der restlichen Petersilie bestreuen. Zu kaltem Spargel, Tomaten, Eiern, kaltem Fleisch oder Fisch servieren.

Pro Portion (bei 6 Portionen) ca. 7 g Eweiß, 16 g Fett, 3 g Kohlenhydrate = 783 Joule (187 Kalorien)

Kalbsbrust mit Petersilienfüllung

Für 4-6 Portionen:
3 Scheiben Toastbrot
4 Bund glatte Petersilie
1 El Senf, 4 El Öl
1 Ei (Gew.-Kl. 2)
Salz, Pfeffer a. d. Mühle
1 kg Kalbsbrust mit Tasche
(beim Metzger einschneiden lassen)
20 g Butter oder Margarine
1/2 l Brühe (Instant)
100 g Crème fraîche
2-3 El Saucenbindemittel

Das Toastbrot entrinden, grob zerteilen. 2 Bund Petersilie von den Stielen zupfen und mit Toastbrot, Senf und 2 El Öl mit dem Schneidstab des Handrührers pürieren. Das Ei unterrühren und die Masse mit Salz und Pfeffer würzen.

Die Kalbsbrust mit der Petersilienmasse füllen, mit Holzstäbchen zusammenstecken, dann mit einem Faden wie einen Schnürschuh verschließen.

Die Kalbsbrust mit Salz und Pfeffer würzen. Das restliche Öl mit der Butter oder Margarine erhitzen, das Fleisch darin anbraten.

1/4 l Brühe angießen, den Braten zugedeckt bei mittlerer Hitze etwa 1 1/2-2 Stunden schmoren. Die restliche Petersilie hacken.

Den Braten herausnehmen und warm halten. Die restliche Brühe und Crème fraîche zum Bratensud geben, aufkochen, mit Saucenbindemittel binden. Petersilie zugeben und, falls nötig, nachwürzen. Das Fleisch aufschneiden und mit der Sauce servieren.

Pro Portion ca. 34 g Eiweiß, 27 g Fett, 9 g Kohlenhydrate = 1840 Joule (441 Kalorien)

127

PETERSILIE

Petersilienknödel

Für 4 Portionen:
500 g Kartoffeln
(mehlig kochend)
3 Bund glatte Petersilie
150 g Mehl
1 Ei (Gew.-Kl. 2)
Salz, 50 g Pinienkerne

Die Kartoffeln am Vortag in der Schale 18—20 Minuten kochen, pellen und über Nacht völlig auskühlen lassen. Am nächsten Tag reiben. Die Petersilie waschen und trockenschütteln. Fein hacken. Kartoffeln, Petersilie und Mehl mit dem Ei und Salz zu einem glatten Teig verkneten. Die Pinienkerne in einer trockenen Pfanne hellbraun rösten. Aus dem Teig 8 Knödel formen und mit den Pinienkernen füllen. In einem breiten Topf reichlich Salzwasser zum Kochen bringen, die Hitze zurückschalten. Die Knödel im

Wasser 20 Minuten ziehen lassen. Dann zu Gulasch oder Braten servieren.

Pro Portion ca. 13 g Eiweiß, 9 g Fett, 48 g Kohlenhydrate = 1326 Joule (316 Kalorien)

Petersilienauflauf mit Fisch

Für 6 Portionen:
500 g Kartoffeln
Salz, 3 Zwiebeln (120 g)
1 Knoblauchzehe
2 El Olivenöl
1 Pk. Tomatenpüree mit Stücken (500 g)
500 g Rotbarschfilet
2 El Zitronensaft
2 Bund glatte Petersilie
Cayennepfeffer
1 Pk. Mozzarella (150 g)
1 Tomate
1/2 Bund krause Petersilie

Die Kartoffeln waschen, schälen und in Würfel schneiden. 5-8 Minuten im kochenden Salzwasser vorgaren, abgießen und zur Seite stellen.

Inzwischen die Zwiebeln und den Knoblauch pellen, fein würfeln. Das Öl in einer Pfanne erhitzen, Zwiebeln und Knoblauch darin bei milder Hitze andünsten. Tomatenpüree dazugeben und offen so lange einkochen lassen, bis die Flüssigkeit fast verdampft ist (10-12 Minuten). Zwischendurch öfter umrühren, damit das Püree nicht ansetzt.

Das Fischfilet in Würfel schneiden, mit Zitronensaft und Salz würzen. Die glatte Petersilie waschen, trockenschütteln und von den Stielen zupfen, hacken und zum Tomatenpüree geben. Mit Salz und Cayennepfeffer würzen.

Tomatensauce und Kartoffelwürfel mischen und in eine Auflaufform geben. Fischwürfel und gewürfelten Mozzarella ebenfalls darauf verteilen. Im vorgeheizten Backofen bei 200 Grad (Gas 3) auf der 2. Einschubleiste von unten 12-15 Minuten garen. Die Tomate waschen, entker-

nen, in Würfel schneiden und 5 Minuten vor dem Ende der Garzeit über den Auflauf streuen. Zum Schluß die krause Petersilie waschen, trockenschütteln und von den Stielen zupfen, grob hacken und ebenfalls über den Auflauf geben.

Pro Portion ca. 24 g Eiweiß, 11 g Fett, 17 g Kohlenhydrate = 1139 Joule (272 Kalorien)

PFEFFER

Seit man Pfeffer kennt — und das sind schon mindestens 4000 Jahre — ist er das begehrteste Gewürz überhaupt. Nichts konnte seine Beliebtheit beeinträchtigen, weder die wahrhaft gepfefferten Preise, die man bis in die Neuzeit für ihn bezahlen mußte, noch die Warnung vieler Moralapostel: „Wer viel Pfeffer ißt, der wird unkeusch." Solche Mahnungen kann man in vielen gelehrten Büchern lesen. Aber sie halfen nichts. Ganz im Gegenteil. Die Ärzte von der Antike bis hin ins Mittelalter, angefangen bei dem weisen Hippokrates, verschrieben ihn als Gegengift gegen Schierling ebenso wie gegen Frauenleiden. Und die reichen

Herren im alten Rom bis in die Renaissance benutzten die kleinen scharfen Körner zum Würzen und zum Protzen, frei nach dem Motto: je reicher der Gastgeber, desto gepfefferter die Speisen. Im Kochbuch des römischen Kochbuchschreibers Apicius, dem Vorbild für die Küche des kaiserlichen Roms, gibt es kein Gericht ohne Pfeffer, nicht einmal die Desserts kommen „ohne" aus.
Ob grün, schwarz oder weiß, alle Pfefferkörner sind an demselben Strauch gewachsen, dem Piper ni-

grum, wie er mit botanischem Namen heißt. Nur der sogenannte rosa Pfeffer trägt seinen Namen zu Unrecht. (Vergleiche dazu Seite 187.) Beim schwarzen Pfeffer handelt es sich um die getrockneten ungeschälten Körner des noch nicht ganz ausgereiften Pfeffersamens. Unreif geerntet ist auch der grüne Pfeffer. Nur sind seine Körner entweder eingelegt oder gefriergetrocknet. Beim weißen Pfeffer schließlich handelt es sich um die geschälten Körner des reifen Samens. Grüner Pfeffer schmeckt am fruchtigsten, schwarzer hat ein intensiv gewürziges Aroma, weißer hat die feinste Schärfe. Für welchen Sie sich entscheiden, das bleibt letzten Endes Ihnen über-

lassen. Auf jeden Fall aber sollten Sie Pfeffer immer frisch gemahlen verwenden. Gemahlen gekaufter schmeckt nur noch scharf, die ätherischen würzigen Öle, die seinen eigentlichen Reiz ausmachen, sind nämlich außerordentlich flüchtig. Darum sollten Sie gemahlenen Pfeffer möglichst auch erst gegen Ende der Garzeit über das Gericht geben, oder vor dem Servieren noch einmal etwas Pfeffer übermahlen. Nur die ganzen Körner können unbeschadet in Brühen und Suppen mitkochen. (Aber dann unbedingt vor dem Servieren durch ein Sieb gießen.)

Spargel und neue Kartoffeln in Pfefferbutter

Für 4 Portionen:
750 g kleine, neue
Kartoffeln
Salz
1 kg Spargel
75 g Butter
Zucker
1-2 El schwarze
Pfefferkörner
1 Bund Schnittlauch

Kartoffeln waschen und mit Schale in Salzwasser 15 - 20 Minuten garen. Spargel waschen, schälen, die Endstücke abschneiden. Spargel in Stücke schneiden, mit 10 g Butter und 1 Prise Zucker in kochendem Salzwasser 15 - 20 Minuten garen. Kartoffeln abgießen und pellen. Spargel gut abtropfen lassen. Pfefferkörner in einem Mörser grob zerstoßen und in der restlichen Butter aufschäumen lassen. Die Kartoffeln zugeben und rundherum goldbraun braten. Den Spargel zugeben und heiß werden lassen. Schnittlauch in feine Röllchen schneiden und vor dem Servieren darüberstreuen. Gebratene Kalbsschnitzel dazu servieren.

Pro Portion ca. 6 g Eiweiß, 15 g Fett, 33 g Kohlenhydrate = 1332 Joule (318 Kalorien)

131

PFEFFER

Kopfsalat mit Avocado und Lachsschinken

Für 4 Portionen:
100 g Lachsschinken
1 Avocado (ca. 300 g)
3 El Zitronensaft
1 Kopfsalat
125 g Sojasprossen
2-3 El Weinessig, Salz
Pfeffer a. d. Mühle
Zucker, 6 El Öl

Den Lachsschinken in schmale Streifen schneiden. Avocado schälen, halbieren, den Stein herauslösen und die Hälften erst längs halbieren, dann in Scheiben schneiden. Sofort mit Zitronensaft beträufeln.

Salat putzen, zerteilen, waschen, abtropfen lassen, Blätter in mundgerechte Stücke teilen. Sojasprossen waschen und in einem Sieb abtropfen lassen.

Essig mit Salz, Pfeffer und einer Prise Zucker verrühren, dann das Öl unterrühren. Salatblätter, Avocadostücke und Sojasprossen vorsichtig

unter die Salatsauce mischen. Salat mit Schinkenstreifen und grob zerstoßenem Pfeffer bestreuen, sofort servieren.

Pro Portion ca. 7 g Eiweiß, 30 g Fett, 3 g Kohlenhydrate = 1345 Joule (322 Kalorien)

Omelett
mit Pfifferlingen

Für 4 Portionen:
400 g Pfifferlinge
3 Zwiebeln
110 g Butter oder Margarine
1 Tl grüner Pfeffer
200 g Katenschinken
Salz, Pfeffer a. d. Mühle
8 Eier
1 Bund Schnittlauch

Die Pfifferlinge mit einem Pinsel abbürsten oder unter fließendem Wasser abbrausen und gut abtropfen lassen. Zwiebeln pellen, würfeln und in 30 g Fett glasig dünsten.

Pfifferlinge zugeben und 5 Minuten mitbraten. Grünen Pfeffer fein hacken. Schinken in Streifen schneiden. Pfifferlinge mit Salz und grünem Pfeffer würzen.

Für jeweils ein Omelett 2 Eier mit Salz und Pfeffer verquirlen und in 20 g Butter oder Margarine bei milder Hitze langsam stocken lassen.

Die Omeletts auf Teller gleiten lassen und portionsweise mit Pilzen und Schinken füllen. Mit Schnittlauchröllchen bestreuen.

Pro Portion ca. 27 g Eiweiß, 45 g Fett, 5 g Kohlenhydrate = 2300 Joule (550 Kalorien)

PIMPINELLE

Pimpinelle spielte unter den europäischen Küchenkräutern immer nur eine untergeordnete Rolle. Einzig im elisabethanischen England wurde ihr mild-frischer, gurkenartiger Geschmack so sehr geschätzt, daß Pimpinelle zu dieser Zeit zu den wichtigsten Gewürzen zählte. Heute wird Pimpinelle nur noch in Italien und Frankreich in größeren Mengen verwendet. Das ist eigentlich schade! Denn wenn Pimpinelle auch keinen dominierenden Eigengeschmack hat, so bildet sie doch eine harmonische Abrundung für alle Kräuter-

kombinationen wie Kräuterbutter oder Kräuteressig. Und nicht umsonst gehört sie zu den klassischen Kräutern für die Frankfurter Grüne Sauce. Verwendet man Pimpinelle allein, so dient sie generell zum Würzen von Suppen, Salaten, Gemüse und Fischgerichten — oder zur Aromatisierung von Kaltgetränken. Man kann Pimpinelle auch als Ersatz für andere Kräuter verwenden: für Suppen und Eintöpfe anstelle von Peter-

silie, bei Gurkengemüse als Dill-Ersatz oder für Rührei, wo sie den Schnittlauch ersetzt. Pimpinelle wird nicht mitgekocht, sondern erst kurz vor dem Servieren zugegeben, da sie sonst Geschmack und Vitamine verliert. Die auch wild wachsende, sehr ausdauernde Staude wird bis zu einem Meter hoch. Sie hat einen behaarten Stengel, leicht gefiederte Blätter und rote Blütenkugeln. Verwendet werden nur die Blätter. Pimpinelle gehört zu den Kräutern mit dem höchsten

Vitamin-C-Gehalt. Da Pimpinelle hierzulande relativ selten gebraucht wird, ist sie auch nicht ganz einfach zu bekommen. Manchmal kann man sie auf dem Markt in Töpfen kaufen. Die Pflanzen kann man gut auspflanzen. Pimpinellesamen werden im Frühjahr ausgesät, man kann dann bis in den Winter ernten. Tip für den, der sie den ganzen Winter über nicht missen will: Pimpinelle kann man zwar nicht trocknen aber sie kann eingefroren werden (bei -24 Grad C).

Kartoffelsuppe

Für 4 Portionen:
500 g Kartoffeln
200 g Möhren
200 g Kohlrabi
1 1/2 l Rinderbouillon
(frisch oder a. d. Glas)
375 g Porree
Salz
weißer Pfeffer a. d. Mühle
Muskatnuß (frisch gerieben)
1 Msp. Ingwerpulver
4 Eier
4-6 El Pimpinelleblättchen

Die geschälten Kartoffeln waschen und in dünne Scheiben schneiden. Die Möhren und den Kohlrabi schälen, waschen und ebenfalls in dünne Scheiben schneiden. Alles in der Bouillon langsam zum Kochen bringen und 20 Minuten bei mäßiger Hitze zugedeckt garen, bis die Kartoffeln weich, aber noch nicht zerfallen sind. Den Porree putzen, waschen und längs halbieren, dann quer in dünne Ringe schneiden. In den letzten 10 Minuten mitgaren. Die Suppe mit Salz, Pfeffer, Muskat und Ingwer abschmecken, bei ausgeschaltetem Herd 7 Minuten durchziehen lassen. In dieser Zeit die Eier wachsweich kochen, abschrecken, pellen und halbieren. Die Pimpinelle vorsichtig unter die Suppe ziehen. Die Suppe sehr heiß mit Eihälften servieren.

Pro Portion ca. 20 g Eiweiß, 22 g Fett, 37 g Kohlenhydrate = 1984 Joule (474 Kalorien)

PIMPINELLE

Frühlingssalat in Pimpinelle-Vinaigrette

Für 4 Portionen:
1 Salatgurke (ca. 500 g)
200 g Staudensellerie
2 Bund Radieschen
Salz, Pfeffer a. d. Mühle
3 El Weißweinessig
5 El Öl
2 El Pimpinelleblättchen
Pimpinellestengel zum
Garnieren

Die Gurke waschen und schälen, die Enden abschneiden. Gurke längs halbieren, die Kerne mit einem Löffel herauskratzen. Gurkenhälften noch einmal längs halbieren und quer in gleichmäßige Scheiben schneiden. Den Staudensellerie putzen, die Fäden auf der Rückseite der Stangen abziehen (oder mit einem Sparschäler dünn abschälen). Sellerie waschen und quer in Scheiben schneiden.
Die Radieschen putzen, gründlich waschen und in Scheiben schneiden. Die Gemüse mischen und mit Salz

und Pfeffer bestreuen.
Aus Essig, Salz, Pfeffer und Öl eine Salatsauce rühren. Die Pimpinelleblättchen hacken und unterrühren. Die Gemüse in der Sauce wenden und 5 Minuten durchziehen lassen. Dann mit Pimpinellestengeln garniert servieren.
Eine vollwertige Mahlzeit wird aus dem Salat, wenn man pro Portion 1 El ausgequollene Weizenkörner und 1/2 El gehackte Nüsse oder Sonnenblumenkerne untermischt.
Pro Portion ca. 1 g Eiweiß, 12 g Fett, 5 g Kohlenhydrate = 631 Joule (150 Kalorien)

Angeldorsch in Pimpinelle-Buttersauce

Für 4 Portionen:
1 Zitrone (mit unbehandelter Schale)
1 Angeldorsch (ca. 2 kg)
1 Bund Suppengrün
3 Zwiebeln, Salz
1 El Wacholderbeeren
1 Tl Pfefferkörner
2 Lorbeerblätter
100 g Butter (kalt)
1 El Weißweinessig
1/4 l Schlagsahne
1 Tl Senf
3 El Pimpinelleblättchen

Die Zitrone dünn schälen und auspressen. Den Angeldorsch gründlich waschen und trocknen. Von innen und außen mit Zitronensaft beträufeln. Zugedeckt kühl stellen.

Das Suppengrün putzen und waschen. 2 Zwiebeln pellen. Suppengrün und Zwiebeln grob zerteilen. In 4 bis 5 l kräftig gesalzenem Wasser mit Zitronenschale, Wacholderbeeren, Pfefferkörnern und Lorbeer 20 Minuten zugedeckt leise kochen. Dann den Dorsch in den Sud legen und zugedeckt 20 Minuten ziehen lassen. (Beim E-Herd Hitze abschalten, bei Gas auf kleinster Stufe garen.)

Während der Dorsch gart, die Sauce zubereiten.

Die restliche Zwiebel pellen und sehr fein würfeln. In 20 g Butter ein paar Minuten glasig dünsten. Den Essig zugießen und fast ganz verdampfen lassen. Dann die Sahne und 1/8 durchgesiebten Fischsud zugeben und 10 Minuten im offenen Topf leicht cremig einkochen. Die Sauce durch ein Sieb abgießen, mit Senf und Salz würzen. Dann die restliche Butter mit dem Schneebesen oder Schneidstab unterarbeiten. Die Hitze so zurückschalten, daß die Sauce nicht mehr kocht. Zum Schluß die Pimpinelle unterheben. Die Sauce vor dem Servieren noch einmal mit dem Schneidstab durchmixen. Den abgetropften Fisch und Salzkartoffeln dazu reichen.

Pro Portion ca. 49 g Eiweiß, 41 g Fett, 4 g Kohlenhydrate = 2815 Joule (672 Kalorien)

ROSMARIN

Wie Thymian und Salbei gehört auch der Rosmarin zu den Mittelmeerkräutern, die die Mönche auf Geheiß Karls des Großen bei uns heimisch machten. Zuerst als Medizin gegen vielerlei Krankheiten, vom Husten über Pest bis hin gegen Alterserscheinungen. (Als Heilmittel gegen Erschöpfungszustände und niedrigen Blutdruck wendet ihn die Naturmedizin heute noch an.) Daneben aber auch als magischen Glücksbringer, der die bösen Geister abhalten sollte. Und natürlich als Küchenwürze. Bis unsere spartanischen Großmütter alle Kräuter außer der Petesilie aus ihrer Küche verbannten, gehörte ein Rosmarinbusch in jeden Kräutergarten.

Wenn Sie wieder an diese gute alte Tradition anknüpfen wollen: Denken Sie daran, daß dieser immergrüne holzige Strauch mit seinen aromatischen Nadeln frostempfindlich ist und darum den Winter drinnen in einem kühlen hellen Raum verbringen oder zumindest gut mit Torf und Zweigen abgedeckt werden sollte. Pflanzen kann man im Frühjahr in jeder guten Gärtnerei bekommen.

Mit seinem harzigen, bitterwürzigen Aroma paßt Rosmarin, frisch oder getrocknet, besonders gut zu allem kräftigen Fleisch, ob gebraten oder geschmort. Er schmeckt aber auch gut zusammen mit einigen Gemüsearten, zum Beispiel Tomaten, Waldpilzen, Zucchini oder Auberginen. Bei der Kombination mit anderen Kräutern sollte man vorsichtig sein. Er harmoniert gut mit Thymian, mit Knoblauch und Petersilie. Rosmarin entfaltet seine Würzkraft so richtig erst durch Hitze. Man sollte ihn darum immer mitgaren lassen.

talienische Rosmarin-Ente

Für 4 Portionen:
2 Entenbrustfilets
etwa 650 g)
Salz, 1 Rosmarinzweig
50 g Fleischtomaten
2 Knoblauchzehen
1/2 Bund glatte Petersilie
1/8 l Weißwein
schwarzer Pfeffer a. d. Mühle

Am Vortag Entenbrustfilets
on beiden Seiten mit Salz
einreiben. Einen Kochtopf
mindestens 26 cm Durch-
messer) am Boden mit Alu-
olie auslegen. Die Nadeln

vom Rosmarinzweig abstreifen. 1/2 El davon beiseite legen, die restlichen Nadeln
auf die Folie streuen.
Ein Mulltuch über den Topf
legen und unter dem Topf-
rand mit einem Fleischfaden
zusammenbinden. Die
Brustfilets mit der Hautseite
nach oben auf das Tuch legen. Den Deckel auf den
Topf setzen. Die Tuchenden
über dem Topfdeckel zusammenschlagen.
Den Topf stark erhitzen. Sobald sich Rauch bildet, die
Hitze herunterschalten. Die
Brustfilets 20 Minuten räu-
chern. In Alufolie wickeln

und über Nacht kühl stellen.
Die Tomaten kurz in kochendes Wasser legen, kalt abschrecken, häuten und in
dicke Spalten schneiden. Die
Kerne herausdrücken. Den
Backofen auf 175 Grad (Gas
2) vorheizen.
Knoblauch pellen, in dünne
Scheiben schneiden. Die Petersilie grob hacken. Brustfilets zuerst auf der Hautseite,
dann auf der Fleischseite im
eigenen Fett langsam bei
knapper Mittelhitze 3 Minuten braten.
Mit der Hautseite nach oben
in eine ofenfeste Form legen.
Knoblauch und restlichen

Rosmarin im Entenfett an-
dünsten. Tomaten zugeben
und kurz andünsten. Wein
zugießen. Salzen, pfeffern
mit Petersilie bestreuen. To-
maten-Mischung um die
Entenbrust herum verteilen.
Auf der 2. Einschubleiste
von oben 15 Minuten garen.
Filets in dünne Scheiben
schneiden und mit den To-
maten servieren. Dazu passen Nudeln.
Pro Portion ca. 31 g Eiweiß, 28 g
Fett, 6 g Kohlenhydrate = 188 kJ
Joule (450 Kalorien)

ROSMARIN

Vegetarische Vollkornpizza

Für 2-4 Portionen:
125 g Roggenmehl
(Type 1370)
50 g Weizenmehl
(Type 1050)
1 Pk. Trockenhefe (7 g)
Salz, 50 ccm Olivenöl
2 Zwiebeln
100 g Champignons
1/2 rote Paprikaschote
1/2 grüne Paprikaschote
2 El Öl, Pfeffer a. d. Mühle
150 g Mozzarella
Öl für das Blech
1 Pk. Tomatenpüree mit

Stücken (500 g)
1 Zweig Rosmarin, etwas
frischer Oregano

Das Mehl mit der Hefe mischen. 100 ccm lauwarmes Wasser, 1 Prise Salz und Olivenöl zugeben, zu einem Teig verarbeiten. Zugedeckt 20 Min. gehen lassen.
Zwiebeln pellen, halbieren und in Ringe schneiden. Champignons putzen und in Scheiben schneiden. Paprika putzen, waschen und in Ringe schneiden.
Das Gemüse im heißen Öl 5-7 Minuten andünsten und kräftig mit Salz und Pfeffer

würzen. Mozzarella in Scheiben schneiden.
Den Teig zu einem Oval von ca. 35 cm Länge ausrollen, auf ein gefettetes Backblech legen. Tomatenpüree mit Salz und Pfeffer würzen und auf den Teig streichen. Das Gemüse darauf verteilen. Mit Käse belegen. Mit Rosmarinnadeln und Oreganoblättchen bestreuen.
Die Pizza im vorgeheizten Backofen bei 200 Grad (Gas 3) 25-30 Minuten backen.

Pro Portion (bei 4 Portionen) ca. 17 g Eiweiß, 23 g Fett, 36 g Kohlenhydrate = 1793 Joule (428 Kalorien)

Sardische Kartoffelpfanne

Für 4-6 Portionen:
3-4 große Knoblauchzehen
1 großer Rosmarinzweig
2 kg kleine Kartoffeln
Salz
schwarzer Pfeffer a. d.
Mühle
6 El Olivenöl
250 g schwarze und grüne
Oliven (mit Stein)
100 ccm Weißwein

Knoblauch pellen und grob hacken. Rosmarinnadeln von der Hälfte des Zweiges abzupfen. Kartoffeln schälen und waschen, dann in einem Tuch gut trockenreiben.
Kartoffeln in eine flache, ofenfeste Form geben, so daß sie den Boden bedecken, salzen und pfeffern. Knoblauch und Rosmarinnadeln darüberstreuen. Den restlichen Zweig obendrauflegen. Kartoffeln mit dem Olivenöl beträufeln.
Die Form im vorgeheizten Backofen auf der 2. Einschubleiste von unten einsetzen. Die Kartoffeln bei 200

Grad (Gas 3) 30-45 Minuten backen.
Inzwischen die Oliven vom Stein schneiden, große Stücke halbieren.
Form aus dem Ofen nehmen, auf die Herdplatte stellen. Oliven unter die Kartoffeln mischen und mit Weißwein ablöschen, einmal aufkochen lassen und dann sofort in der Form servieren.
Pro Portion (bei 4 Portionen) ca. 10 g Eiweiß, 24 g Fett, 79 g Kohlenhydrate = 2542 Joule (607 Kalorien)

SAFRAN

Die rötlichbraunen oder dunkel orangefarbenen Safranfäden sind nichts anderes als die getrockneten Blütennarben des Crocus sativus, eines Verwandten unseres Krokus, der im Mittelmeerraum beheimatet ist.

Um 1 Kilo Safran zu bekommen, muß man 50000 bis 80000 Blüten ernten. Kein Wunder, daß Safran seit jeher als das teuerste aller Gewürze und als Inbegriff des Reichtums und der Verschwendung galt. Die reichen Römer verwendeten ihn vor allem zur Herstellung von Duftsalben und zum Färben ihrer Gewänder. Und der wahnwitzige Kaiser Nero ließ bei seinem triumphalen Einzug in Rom die Straßen mit

Safranwasser besprengen. Bei uns heute wird Safran nur noch ganz selten verwendet, in der Hauptsache zum Backen: „Safran macht den Kuchen gel." Ganz anders in den südlichen Ländern: In der Provence zum Beispiel verwendet man ihn zum Würzen von Fischsuppen, vor allem für die Bouillabaisse, im südöstlichen Mittelmeerraum für Meeresfrüchte und viele Reisgerichte. Übrigens, wenn Sie dort

einmal Urlaub machen: Es lohnt sich, auf den Markt zu gehen und Safran zu kaufen. Er wird in großen Mengen und ziemlich preiswert angeboten, in der Hauptsache wird er dort nämlich immer noch zum Färben verwendet. Bei uns dagegen wird er grammweise angeboten und ist ziemlich teuer. Aber lassen Sie sich nicht verleiten, zu viel zu kaufen. Das ätherische, duftige Öl, das den besonderen Reiz des

Safran ausmacht, verfliegt nämlich sehr schnell, auch wenn Sie ihn vorschriftsmäßig, nämlich dunkel und gut verschlossen, aufheben. Zurück bleibt außer seiner gelben Farbe nur ein dumpfes, erdiges Aroma. Darum sollten Sie nach Möglichkeit auch kein gemahlenes Safranpulver verwenden. Es ist nämlich ganz leicht, an das Safranaroma und die gelbe Farbe zu kommen: Man nimmt einfach die Fäden und gibt sie für kurze Zeit in etwas heißes Wasser. In Suppen und Ragouts läßt man sie einfach mitkochen.

Gepökelte Rinderbrust mit süß-sauren Zwetschgen

Für 6 Portionen:
1 kg gepökelte Rinderbrust
12 schwarze Pfefferkörner
1 Bund Suppengrün
4 Zwiebeln (à 40 g)
500 g feste Zwetschgen
1/8 l Balsamessig
1/2 Tl Sambal oelek
2 El Zucker
Salz
25 g Graubrot mit Rinde
30 g Butter
1 Tütchen Safran (0,125 g)
Pfeffer a. d. Mühle

Rinderbrust mit 2 1/2 l kaltem Wasser und Pfefferkörnern zum Kochen bringen. Etwa 2 1/2 Stunden offen leise kochen lassen.
Suppengrün putzen, waschen und grob würfeln. Drei Zwiebeln ungepellt quer halbieren, die Schnittflächen auf der Herdplatte sehr dunkel bräunen. Alles zur Rinderbrust in den Topf geben und mitkochen. Die Brühe zwischendurch abschäumen, wenn es nötig ist.
Nach 2 Stunden die Zwetschgen waschen, halbieren und entsteinen, mit Essig, Sambal, Zucker und Salz im Topf

1 Minute kochen, dann zum Abkühlen beiseite stellen.
Inzwischen das Graubrot und die restliche gepellte Zwiebel sehr fein würfeln. Beides in der Butter rösten und dann mit 300 ccm Rinderbrustbrühe aufgießen. Den Safran zugeben. Die Sauce 10 Minuten leise kochen lassen, mit Salz und Pfeffer würzen.
Das Fleisch in dünne Scheiben schneiden, mit Zwetschgen und etwas Sauce anrichten. Die restliche Sauce getrennt reichen.
Tip: Die restliche Rinderbrühe läßt sich anderweitig

verwenden. Bis dahin kann man sie ausgezeichnet einfrieren.

Pro Portion ca. 28 g Eiweiß, 40 g Fett, 24 g Kohlenhydrate = 2467 Joule (590 Kalorien)

SAFRAN

Steinbutt-Consommé

Für 6 Portionen:
35 g Butter oder Margarine
70 g Mehl
2 Eier (Gew.-Kl. 4)
2 Bund Dill
25 g Tomatenmark
Salz
Pfeffer a. d. Mühle
1 Steinbutt (ca. 1 kg = ca.
375 g netto; vom Fisch-
händler filieren und die
Gräten mitgeben lassen)
150 g Sellerie
1 Zwiebel (50 g)
2 Lorbeerblätter
1/8 l Weißwein
1 Tütchen Safran (0,125 g)
250 g Porree
100 g Perlerbsen (TK)

Für die Klöße 1/8 l Wasser mit der Butter oder Margarine zum Kochen bringen. Das Mehl einrühren, solange rühren, bis die Masse sich als Kloß vom Topfboden löst. Den Topf von der Herdplatte ziehen. Nach und nach die Eier unter den Teig rühren. 1 Bund Dill fein hacken, mit dem Tomatenmark unter den Teig rühren. Die Masse mit Salz und Pfeffer würzen und für etwa 30 Minuten kühl stellen.

Für die Brühe die Gräten unter kaltem Wasser abspülen. Den Sellerie waschen, schälen und grob zerteilen. Die Zwiebel vierteln, mit Sellerie, Lorbeer und den Gräten in einen Topf geben. Mit Weißwein und 1 3/4 l Wasser auffüllen und zum Kochen bringen. Die Brühe sorgfältig abschäumen und bei milder Hitze 25 Minuten ziehen lassen. Dann durch ein mit Küchenkrepp ausgelegtes Sieb gießen und mit Salz, Pfeffer und Safran würzen.

Aus der Kloßmasse mit bemehlten Händen etwa 30 Klöße formen, auf einen Topfboden legen, mit kochendem Wasser überbrühen und bei milder Hitze 10 bis 15 Minuten ziehen lassen. Den Porree putzen, waschen und schräg in Scheiben schneiden (nur die weißen und hellgrünen Teile verwenden). Das Fischfilet schräg in Streifen schneiden. Die gegarten Klöße mit einer Schaumkelle aus dem Wasser nehmen.

Den Porree in dem kochenden Kloßwasser 2 bis 3 Minuten blanchieren, herausnehmen und gut abtropfen lassen. Die Brühe kurz erhitzen, Fischfilet, Klöße, Porree und Erbsen 5 Minuten darin ziehen lassen. Den restlichen Dill von den Stielen zupfen, grob hacken, die Consommé damit garnieren.

Pro Portion ca. 34 g Eiweiß, 9 g Fett, 16 g Kohlenhydrate = 1355 Joule (324 Kalorien)

Safranhirse mit Meeresfrüchten

Für 2 Portionen:
80 g Hirse
250 ccm Gemüsebrühe
2 Tütchen Safran (à 0,125 g)
200 g grüner Spargel, Salz
20 g schwarze Oliven
6 Crevetten in der Schale
(roh, 50 g netto)
100 g Miesmuscheln (TK)
3 Jakobsmuscheln (100 g)
100 g Seeteufelfilet
Pfeffer a. d. Mühle
2 El Olivenöl
100 g Tomaten
1 Bund Basilikum

Hirse in die Gemüsebrühe geben, mit Safran würzen. Einmal aufkochen. Dann bei geschlossenem Deckel 20 Minuten bei milder Hitze ausquellen lassen.

Spargel waschen und schälen, diagonal in ca. 1/2 cm dicke Scheiben schneiden (Köpfe ganz lassen). 1 Minute in kochendem Salzwasser blanchieren. Oliven halbieren, entsteinen.

Spargel in eine feuerfeste Form füllen, die Köpfe zurückbehalten. Hirse darübergeben, darauf Spargelköpfe und Olivenhälften verteilen. Crevetten, Muscheln und

Fisch im Kranz an den Rand legen. Mit Salz und Pfeffer bestreuen, mit dem Öl überträufeln. Im vorgeheizten Backofen bei 225 Grad (Gas 4) 15 Minuten garen.

Tomaten überbrühen, häuten, vierteln, von Stielansätzen und Kernen befreien. Fruchtfleisch fein würfeln. Basilikum von den Stielen zupfen, in Streifen schneiden. Das fertige Gericht mit Tomaten und Basilikum garnieren.

Pro Portion ca. 30 g Eiweiß, 12 g Fett, 32 g Kohlenhydrate = 1312 Joule (401 Kalorien)

SALBEI

Er ist ein typisches Mittelmeerkraut. Noch heute wächst er wild in der italienischen Macchia und auf den Hügeln Dalmatiens. Trotzdem: Der knorrige, mehrjährige Halbstrauch mit den Ähren aus duftenden violetten Lippenblüten und den länglichen, graugrünen filzigen Blättern verträgt auch das Klima nördlich der Alpen. Sein Geschmack ist hier fast so intensiv wie der des Salbei, der unter südlicher Sonne gewachsen ist: würzig herb mit einem Anklang an Kampfer.

Wie die meisten anderen Kräuter auch hat er seine Karriere nicht als Küchenkraut, sondern als Heilkraut begonnen. Vor allem die Römer schätzten ihn. Nicht von ungefähr heißt er Salbei. Das ist eine Eindeutschung des lateinischen „Salvia", was nichts anderes bedeutet als Heil oder Rettung.

Sein Ruf als Heilmittel ist übrigens nicht unberechtigt, wie man heute weiß. Die in seinen Blättern enthaltenen Kampferöle wirken beruhigend und heilend vor allem auf die Schleimhäute. Darum ist Salbei-Tee immer noch ein beliebtes Naturheilmittel bei Husten und Heiserkeit. Außerdem wirkt Salbei beruhigend, fiebersenkend und regt die Verdauung an. Karriere in der Küche hat er bei uns kaum gemacht. Sein hauptsächlicher Verwendungszweck: Aal-Gerichte (und zwar paßt er gleich gut zu gekochtem wie zu gebratenem Aal). In Italien gehört er dagegen zu den Standardgewürzen, die man besonders in der Gegend um Rom, genau wie Lorbeer und Rosmarin, bei jedem Schlachter bekommt. Denn Salbei ist vor allem ein Fleischgewürz, das seinen Duft am besten im heißen Fett entfaltet. Besonders beliebt in Italien sind Grillspieße, bei denen zwischen den Fleischstücken jeweils ein Salbeiblatt steckt. Und nicht zu vergessen die Salbei-Leber oder Saltimbocca, das Gericht aus feinem Kalbsfilet, Salbei und Schinken.

Der Grund für diese Liebe der Italiener zu Salbei: Sie nehmen die Blätter nicht getrocknet (dann schmecken sie wirklich wie Medizin), sondern immer frisch. So sollten Sie Salbei möglichst auch nur benutzen.

Spaghetti mit Salbei und Eigelb

Für 4 Portionen:
300 g Spaghetti
Salz
1 El Öl
100 g Butter
etwa 20 kleine Salbeiblätter
6 Eigelb
100 g Parmesan (frisch gerieben)
1/8 l Schlagsahne

Die Spaghetti in reichlich Salzwasser mit dem Öl bißfest kochen. Dann auf ein Sieb gießen und gut abtropfen lassen. Im Topf warm halten. Die Butter heiß werden lassen, die Salbeiblätter unterrühren. In einer Schüssel Eigelb mit der Hälfte des Parmesans und der Sahne verrühren. Die Spaghetti erst mit der Salbeibutter, dann mit der Ei-Käse-Sahne mischen. Sofort in einer gut vorgewärmten Schüssel servieren, den restlichen Parmesan extra dazu reichen.
Tip: Die Salbei-Spaghetti kann man zusätzlich noch mit Würfeln von durchwachsenem Speck oder mit in Streifen geschnittenem gekochtem Schinken und ein paar jungen Perlerbsen anreichern.

Pro Portion ca. 29 g Eiweiß, 60 g Fett, 55 g Kohlenhydrate = 4017 Joule (960 Kalorien)

SALBEI

Salbeibrot

Für 8 Portionen:
650 g Mehl, 40 g Hefe
1 Tl Zucker
1/4 l Olivenöl, Salz
ca. 20 Salbeiblätter
2 Pfefferschoten (ca. 50 g)
Mehl zum Bestäuben

Das Mehl in eine Schüssel geben und eine Mulde in die Mitte drücken. Die zerbröckelte Hefe und den Zucker mit 1/4 l lauwarmem Wasser verrühren und in die Mulde gießen. Mit Mehl vom Rand bestreuen. Eine flache Form mit Olivenöl auspinseln. Das restliche Öl und das Salz an den Mehlrand geben. Die Salbeiblätter in Streifen schneiden. Die Pfefferschoten längs aufschlitzen, Kerne und Stielansätze entfernen. Pfefferschoten quer in schmale Streifen schneiden. Mit dem Salbei in die Schüssel geben. Dann alles mit den Knethaken des Handrührers mischen und kräftig durchkneten. Mit etwas Mehl bestäuben und bei Zimmertemperatur zugedeckt etwa 30 Minuten gehen lassen. Dann kurz zusammenkneten und eine dicke Rolle formen. Die Rolle in 8 Teile schneiden. Teile nebeneinander mit der Schnittfläche nach oben in die Form setzen. Dabei die Oberfläche jeweils etwas zusammendrücken. Bei 200 Grad (Gas 3) 25 Minuten auf der 2. Einschubleiste von unten backen. Dann auf den Backofenboden stellen und 5 Minuten weiterbacken.

Lauwarm mit italienischen Vorspeisen und Wein servieren.

Tip: Eingefrorenes Brot bei Zimmertemperatur völlig auftauen lassen und dann im Backofen leicht erwärmen.

Pro Portion ca. 9 g Eiweiß, 31 g Fett, 61 g Kohlenhydrate = 2499 Joule (597 Kalorien)

Polenta mit Salbeibutter

Für 2 Portionen:
Salz, 170 g Maisgrieß
50 g Butter
3-4 Knoblauchzehen
6 kleine Salbeiblätter
50 g Feldsalat
1 kleiner Radicchio
1 Chicoree
4 El Balsamessig
Pfeffer, 4 El Öl

3/8 l Salzwasser aufkochen, 150 g Maisgrieß einrühren, bei mittlerer Hitze 15 Minuten offen garen, dabei mehrmals umrühren, dann kalt stellen.

Polenta im restlichen Grieß zu einem Quadrat von 15x15 cm ausrollen, in 8 Rauten schneiden und in der Butter 5 Minuten von jeder Seite braten. Knoblauch pellen, in Scheiben schneiden und mit dem Salbei in den letzten 2 Minuten in der Pfanne mitbraten.

Feldsalat und Radicchio putzen, waschen, zerteilen, Chicoree in Streifen schneiden.

Essig mit Salz, Pfeffer und Öl verrühren und mit dem Salat mischen.

Butter mit dem Salbei über die Polenta gießen und mit dem Salat servieren.

Pro Portion ca. 10 g Eiweiß, 44 g Fett, 66 g Kohlenhydrate = 2996 Joule (714 Kalorien)

SCHNITTLAUCH

Der Schnittlauch hat einen unschätzbaren Vorteil: Man kann ihn das ganze Jahr über gleich aromatisch bekommen. Im Sommer kauft man ihn gebündelt, im Winter bekommt man Pflanzenbüschel, die man am besten in etwas Blumenerde oder Torf gibt und an ein helles Fenster stellt. So hält er sich am längsten frisch. Wenn man ihn dann noch vorsichtig behandelt, also die Pflanze gut begießt und die Blätter nicht zu tief abschneidet, kann man sogar mehrmals ernten.
Der der Zwiebel verwandte Schnittlauch hat eine lange Tradition. Schon Karl der Große befahl seinen Mönchen, ihn in ihren Kräutergärten anzubauen. Allerdings weniger als Küchenkraut, sondern als Heilmittel. Denn er galt zu jener Zeit als Medizin gegen Magenbeschwerden, gegen die Melancholie und gegen Zauberei. Ob er wirklich gegen Zauberkünste hilft, hat bisher noch niemand herausgefunden. Aber daß er dank seiner schwefelhaltigen ätherischen Öle Magenbeschwerden lindert und den Blutdruck senkt, das ist in der Naturheilkunde heute unbestritten. Schnittlauch ist neben der Schalotte der feinste aus der Zwiebelfamilie. Mit seinem würzig-frischen, zugleich scharfen Aroma paßt er an alle Eierspeisen. Er würzt gebundene, helle Suppen und Saucen zu Fisch oder auch zu Tafelspitz. Er kann aber in klaren Suppen und auf Eintöpfen die Petersilie ersetzen.
Ähnlich wie auch die Zwiebel paßt er zu allen anderen Gewürzen, vom Basilikum bis zum Thymian oder Knoblauch. Wer die Kombination Schnittlauch und Knoblauch mag: Seit neuestem gibt es beide Aromen kombiniert zu kaufen, den sogenannten Knoblauchschnittlauch. Den Samen bekommt man übrigens auch in Samenhandlungen. So unverwüstlich er auch erscheinen mag, in der Küche ist er ziemlich heikel. Man muß ihn gut behandeln, wenn man seinen Geschmack voll genießen will. Schnittlauchbündel, die man nicht sofort braucht, sollte man sofort vom Gummiband befreien, und den Schnittlauch ins Wasser stellen, damit er nicht welkt. Schnittlauch sollte man nie hacken, sondern mit einem scharfen Messer oder der Küchenschere schneiden. Einmal geschnitten sollte er sofort verwendet werden, da er sonst anfängt penetrant zu riechen. Und außerdem sollte man ihn immer erst am Schluß an die Speisen geben, da auch langes Kochen seinem Aroma nicht bekommt.

Käsesuppe mit Schnittlauch-Croûtons

Für 6 Portionen:
50 g Butter oder Margarine
30 g Mehl
3/4 l Milch
1/4 l Kalbsbrühe (a. d. Glas)
75 g frischer Gouda
50 g Gruyère
Salz, weißer Pfeffer a. d. Mühle
Muskatnuß (frisch gerieben)
2 Tl trockener Sherry
6 Scheiben Toastbrot
3 Bund Schnittlauch
6 Eigelb

Die Butter oder Margarine aufschäumen lassen, das Mehl unterrühren und anschwitzen, bis sich Blasen bilden. Milch mit Brühe mischen und unter ständigem Rühren mit dem Schneebesen zugießen. Aufkochen und bei milder Hitze unter gelegentlichem Rühren kochen. In der Zwischenzeit den Käse reiben oder fein raffeln. Den Käse an die Suppe geben. Die Suppe mit Salz, Pfeffer, Muskat und Sherry abschmecken und warm halten.

Die Brotscheiben mit einem Ringausstecher von 10 cm Durchmesser ausstechen und goldbraun toasten. Den Schnittlauch in feine Röllchen schneiden. Die Croûtons dick mit dem Schnittlauch bestreuen. In die Mitte eine Mulde drücken und vorsichtig ein Eigelb hineingleiten lassen. Die Suppe in sehr gut vorgewärmte Teller füllen. Die Croutons vorsichtig auf die Suppe setzen. Sofort servieren.

Pro Portion ca. 11 g Eiweiß, 20 g Fett, 19 g Kohlenhydrate = 1384 Joule (330 Kalorien)

SCHNITTLAUCH

Carpaccio mit rohem Spargel

Für 6 Portionen
als Vorspeise:
250 g Rinderfilet
500 g Spargel
3 El Zitronensaft
Salz, Pfeffer a. d. Mühle
Zucker
6 El Öl
1 Bund Schnittlauch

Rinderfilet etwa 45 Minuten ins Gefriergerät legen. Spargel waschen, nicht zu sparsam schälen, die Endstücke abschneiden. Spargel schräg in dünne Scheiben schneiden.

Aus Zitronensaft, Salz, Pfeffer, 1 Prise Zucker und Öl eine Sauce rühren, den Spargel darin 30 Minuten durchziehen lassen.

Das Fleisch mit der Maschine in sehr dünne Scheiben schneiden und nebeneinanderliegend auf einer Platte anrichten. Spargel abtropfen lassen, auf dem Fleisch anrichten und etwas Sauce dar-

auf verteilen. Schnittlauch in feine Röllchen schneiden und darüberstreuen. Baguette dazu reichen.

Pro Portion ca. 13 g Eiweiß, 17 g Fett, 3 g Kohlenhydrate = 1002 Joule (239 Kalorien)

Schnittlauch-Mayonnaise

Für 4-6 Portionen:
1 Ei (Gew.-Kl. 2)
1 Eigelb (Gew.-Kl. 2)
Salz
weißer Pfeffer a. d. Mühle
1/2 El Dijonsenf
1 El Zitronensaft
200 ccm Öl
2-3 El Schlagsahne
4 Bund Schnittlauch

Das Ei 10 Minuten kochen, abschrecken und abkühlen lassen, dann pellen und das Eigelb aus dem Eiweiß lösen. Das Eigelb zerdrücken, mit dem rohen Eigelb, Salz, Pfeffer, Senf und Zitronensaft verrühren. Das Öl erst tropfenweise, dann in dünnem Strahl mit den Quirlen des Handrührers unterrühren. Rühren, bis eine Mayonnaise entstanden ist. Die Sahne unterrühren. Die Mayonnaise noch einmal abschmecken. Den Schnittlauch in feine Röllchen schneiden. Ungefähr drei Viertel der Schnittlauchröll-chen unter die Mayonnaise mischen. Die Sauce kühl stellen und mindestens 1 Stunde durchziehen lassen. Das Eiweiß fein hacken, mit dem restlichen Schnittlauch mischen und extra reichen. Die Sauce schmeckt zu kaltem Fleisch, zum Beispiel zu Tafelspitz.

Pro Portion (bei 6 Portionen) ca. 2 g Eiweiß, 37 g Fett, 2 g Kohlenhydrate = 1602 Joule (383 Kalorien)

SENFKÖRNER

„Das Himmelreich ist gleich einem Senfkorn". Dieses Zitat aus der Bibel ist zwar nicht der älteste, wohl aber der prominenteste Beweis dafür, wie sehr die Menschen zu allen Zeiten die kleinen scharf-aromatischen Samenkörner zu schätzen gewußt haben. Einmal natürlich, weil schon die antiken Ärzte sie als Medizin schätzten. Mit Recht übrigens. Denn wenn Senfkörner auch nicht vor Schlangenbiß oder Aussatz schützen, wie die Ärzte der Antike glaubten, so fördern sie doch die Verdauung und lindern Bronchitis und Heiserkeit. Vor allem aber

schätzte man Senf schon im alten Rom auch als Gewürz. Senf gehört zur Familie der Kreuzblütler. Der Samen, den wir zum Würzen verwenden, stammt von zwei unterschiedlichen Pflanzen aus dieser Familie: dem weißen Senf (Sinapis alba) und dem schwarzen Senf (Brassica nigra). Die Samenkörner des weißen Senfs sind hellgelb und viel weniger scharf als die dunkelbraunen des schwarzen Senfs. Beide werden bei der Senfherstellung gebraucht. Als ganzes Korn dagegen

nimmt man bei uns nur den weißen Senf zum Würzen, den schwarzen bevorzugt man in der indischen Küche. Wenn Sie einmal ganz bewußt Senfkörner kauen, dann werden Sie es bestätigen: Sie schmecken zuerst milde nußartig und entwickeln erst im nachhinein die typische Senfschärfe. Das hat folgenden Grund: In den unzerkauten Körnern steckt noch kein fertiges Senföl, das ja für die Senfschärfe verantwortlich ist. Dieses Senföl kann sich erst entwickeln, wenn die im Korn enthaltenen Stoffe mit Wasser in Berührung kommen. Unter Einfluß von Hitze

wird dieser Umwandlungsvorgang gestört. Darum schmecken zum Beispiel Senfkörner, die man längere Zeit kochen läßt, nur noch milde nach Senf. Ebenfalls milde, dazu aber noch intensiv nußartig, schmecken Senfkörner, die man in der Pfanne anröstet. (Bestes Zeichen dafür, daß die Senfkörner genug angeröstet sind: Sie fangen an, aus der Pfanne zu springen.) Mit Senfkörnern würzt man nicht nur eingelegte Gurken, süßsaures Gemüse oder Senffrüchte. Sie schmecken zum Beispiel auch ausgezeichnet an hellen Saucen zu Fisch, Eiern oder an Gemüse in einer Béchamelsauce. Sie passen an Kartoffelsalat und gehören an Fischsud. Zusammen mit Senf kann man aus den Körnern eine pikante Kruste für Braten (z.B. Schweine- oder Lammbraten) herstellen.

Frühlingszwiebel-Rotzungen-Rolle mit Senfcreme

Für 4 Portionen:
1 El weiße Senfkörner
1 El schwarze Senfkörner
Salz, 1 Prise Zucker
250 g Rotzungenfilet
175-200 ccm Schlagsahne
Pfeffer a. d. Mühle
500 g Frühlingszwiebeln
7 Eier (Gew.-Kl. 2)
Muskatnuß (frisch gerieben)
75 g Butter
1 Eigelb

1/8 l Wasser mit Senfkörnern, Salz und Zucker 5-10 Minuten auf die Hälfte einkochen lassen. Beiseite stellen. Das Fischfilet in kleine Würfel schneiden, in 1 1/2 Tl Salz wenden und in der Küchenmaschine pürieren. Danach durch ein feines Sieb streichen. Die kalte Schlagsahne nach und nach unterrühren. Mit Pfeffer würzen und 20 Minuten kühl stellen. Frühlingszwiebeln waschen, putzen. 300 g der Länge nach halbieren und den Rest in grobe Stücke schneiden. 6 Eier mit Salz, Pfeffer und Muskat aufschlagen.

Ein Backblech mit Backtrennpapier gut auslegen. Das Papier mit 25 g weicher Butter bestreichen. Eimasse daraufgießen und mit den Frühlingszwiebelstreifen belegen. Im vorgeheizten Backofen bei 175 Grad (Gas 2) 10 Minuten garen. Dann aus dem Ofen nehmen und auskühlen lassen.
Die Eimasse mit der Fischmousse bestreichen und von der schmalen Seite her aufrollen. Die Rolle wieder in den Ofen geben und 15 bis 20 Minuten bei 175 Grad (Gas 2) garen. Herausnehmen und 15 Minuten abküh-

len lassen.
Die Senf-Wasser-Mischung mit restlichem Ei und dem Eigelb bei milder Hitze aufschlagen. 25 g eiskalte Butter in Stücken einzeln unterrühren. Sauce warm stellen.
Die Frühlingszwiebelstücke in der restlichen Butter dünsten.
Die Rolle in Scheiben schneiden und mit dem Gemüse auf Portionsteller geben. Mit der Sauce begießen und sofort servieren.

Pro Portion ca. 26 g Eiweiß, 42 g Fett, 7 g Kohlenhydrate = 2226 Joule (532 Kalorien)

SENFKÖRNER

Senfkorn-Schnitt-lauch-Sauce

Für 4 Portionen:
1/4 l Schlagsahne
2 Tl Senfkörner, 60 g Butter
2 Tl Limettensaft, Salz
1 Bund Schnittlauch

Schlagsahne und Senfkörner zum Kochen bringen. Bei mittlerer Hitze im offenen Topf cremig einkochen. Dann vom Herd nehmen und etwas abkühlen lassen. Die Butter in Flöckchen mit dem Schneebesen unterschlagen. Die Sauce mit Limettensaft und Salz abschmecken. Den Schnittlauch in feine Röllchen schneiden und kurz vor dem Servieren unterziehen.

Diese Sauce schmeckt sehr gut zu Krustentieren, zum Beispiel zu Scampi und zu Hummer, aber auch zu einem Filetsteak oder zu Pell-kartoffeln, wachsweichen Eiern oder zu pochiertem Fisch.

Pro Portion ca. 1 g Eiweiß, 32 g Fett, 3 g Kohlenhydrate = 1543 Joule (368 Kalorien)

Schweinefilet mit Senfblüten und Senfkörnern

Für 4 Portionen:
600 g Schweinefilet
1 El Speisestärke
2 El Sojasauce
2 El Sherry (medium)
4 Sträußchen Senfblüten
125 g gemischte Keime
2 El Öl
1 El weiße Senfkörner
1 El schwarze Senfkörner
1/8 l Gemüsebrühe
(Reformhaus)
Salz, Pfeffer

Fleisch in dünne Scheiben schneiden, in der Mischung aus Speisestärke, Sojasauce und Sherry ungefähr 10 Minuten marinieren.

Inzwischen Senfblüten von den Stielen zupfen, Keime waschen und gut abtropfen lassen.

Das Öl in einer tiefen Pfanne erhitzen. Die Filetscheiben zugeben und unter häufigem Wenden darin braten. Dann weiße und schwarze Senfkörner unterrühren. Mit der Gemüsebrühe ablöschen.

Weitere 1-2 Minuten bei milder Hitze garen. Dann Keime und Blüten unterheben. Mit Salz und Pfeffer abschmekken und mit Reis servieren.

Pro Portion ca. 31 g Eiweiß, 23 g Fett, 13 g Kohlenhydrate = 756 Joule (180 Kalorien)

157

THYMIAN

Der Thymian hat eine sehr wechselvolle Vergangenheit: Im alten Ägypten — dort wird er zum ersten Mal in Urkunden erwähnt — verwendete man ihn zum Einbalsamieren der Pharaonen. Die Griechen und Römer später hielten ihn für potenzfördernd und brachten ihn der Aphrodite als Opfergabe. Noch später, im Mittelalter, hielt man ihn für ein Wahrzeichen des Erfolges und der Tapferkeit, deshalb steckten abergläubische Damen ihren Rittern immer ein Thymiansträußchen an, bevor sie ins Turnier zogen. Und wir heute? Wir finden einfach, daß Thymian zu den duftigsten und würzigsten Küchenkräutern gehört. Thymian, von Haus aus eine Pflanze des Mittelmeerraums, und sein nordeuropäischer Verwandter, der Quendel, vereinen die Frische der Minze mit dem schweren Aroma von Nelken: Alles in allem ist Thymian feiner und pikanter als der Majoran, mit dem er verwandt ist.

Mit Thymian würzt man vor allem Fleisch, besonders wenn es in Rotwein geschmort wird, aber auch gekräuterte Braten, z.B. Lamm- oder Schweinebraten. Er paßt zu Leber, Leberpasteten und Leberwurst (mindestens ebensogut wie etwa Majoran). Außerdem würzt man mit ihm Tomaten in jeder Form, Zucchini, Auberginen und natürlich auch Kartoffeln. Thymian gibt es frisch inzwischen fast das ganze Jahr hindurch. Aber er gehört zu den wenigen Kräutern, die man sehr gut auch getrocknet verwenden kann. Er entfaltet sein volles Aroma erst durch Hitze. Darum sollte man ihn immer eine gewisse Zeit mitkochen lassen.

Geschmorte Rippchen mit Thymian und Rosinen

Für 4 Portionen:
1,5 kg dicke Rippen (vom
Schlachter in Stücke schnei-
den lassen)
Salz, Pfeffer a. d. Mühle
1 Bund Thymian
2 El Öl, 250 g kleine
Zwiebeln
250 g Möhren, 50 g Rosinen
1/4 l Sherry (trocken)
2 El dunkles Saucenbinde-
mittel (ungewürzt)

Die Rippenstücke mit Salz
und Pfeffer einreiben. Die
Thymianblätter von den
Stielen zupfen, die Hälfte
über das Fleisch streuen.
Das Öl erhitzen, das Fleisch
rundherum darin anbraten.
Die Zwiebeln pellen und
vierteln, zugeben und ebenfalls anbraten. Die Möhren
putzen und in Stücke schneiden, mit den Rosinen in den
Bräter geben, anbraten.
1/8 l Sherry zugießen. Auf
der 2. Einschubleiste von unten bei 200 Grad (Gas 3) insgesamt 1 1/4 Stunden ohne
Deckel braten.
Nach und nach gut 1/4 l

Wasser zugießen, dann den
Fond immer wieder einko-
chen lassen. Das Fleisch ab
und zu wenden. Nach 1
Stunde den restlichen Thymian überstreuen.
Nach Ende der Garzeit den
Bräter auf den Herd stellen
und das Fleisch herausnehmen. Den restlichen Sherry
zugießen, verrühren und aufkochen lassen. Das Saucenbindemittel unterrühren und
aufkochen lassen. Das
Fleisch wieder in die Sauce
geben und servieren.
Pro Portion ca. 37 g Eiweiß, 30 g
Fett, 25 g Kohlenhydrate = 2537
Joule (606 Kalorien)

THYMIAN

Kartoffelpuffer mit Apfel-Rosinen-Sauce

Für 4 Portionen oder ca. 24 Stück:
60 g Rosinen
1 mittelgroßer Apfel (ca. 200 g, am besten Boskop)
200 g Crème fraîche
4 El Schlagsahne
Salz, weißer Pfeffer a. d. Mühle
750 g Kartoffeln
3 Eier (Gew.-Kl. 2)
1 El Mehl
1 1/2 bis 2 Bund Thymian
ca. 1/8 l Öl zum Braten

Die Rosinen waschen und abtropfen lassen. Den Apfel schälen und vierteln, das Kerngehäuse herausschneiden, die Viertel in kleine Würfel schneiden. Crème fraîche mit der Sahne glattrühren, mit Äpfeln und Rosinen mischen, mit Salz und Pfeffer abschmecken.

Die Kartoffeln waschen, schälen, wieder waschen, dann fein raffeln oder reiben. Mit Eiern und Mehl verrühren. Mit Salz und den von den Stielen gestreiften Thymianblättern würzen.

In einer großen Pfanne etwas Öl erhitzen, die Puffer darin portionsweise braten (pro Portion ca. 10 Minuten). Puffer herausnehmen, auf Küchenkrepp etwas abtropfen lassen, warm stellen, bis alle Puffer fertig sind. Dann mit der Sauce servieren.

Pro Portion ca. 11 g Eiweiß, 60 g Fett, 47 g Kohlenhydrate = 3476 Joule (831 Kalorien)

Thymiannudeln mit Pfifferlingsauce

Für 4 Portionen:
350 g Weizenvollkornmehl
(sehr fein gemahlen, ersatz-
weise Mehl Type 1050),
Mehl zum Bearbeiten
2 Bund Thymian
8 Eigelb (Gew.-Kl. 2)
Salz
1/8 l Weißwein
1 Zwiebel
2 Knoblauchzehen
60 g Butter oder Margarine
1/4 l Gemüsebrühe (a. d.
Reformhaus)
200 ccm Schlagsahne
250 g Pfifferlinge
Pfeffer a. d. Mühle
150 g Erbsen (TK)
50 g Parmesan (frisch ge-
rieben)
Saft und Schale von 1/2 Zi-
trone (unbehandelt)
40 g Pinienkerne

Für die Nudeln das Mehl auf die Arbeitsfläche schütten, in die Mitte eine Mulde drücken. Die Thymianblätter von den Stielen zupfen. Die Hälfte davon sehr fein hacken und mit 6 Eigelb und 1/2 Tl Salz in die Mulde geben.

Das Eigelb mit einer Gabel verquirlen. Nach und nach das Mehl vom Rand darunterarbeiten. Dabei den Wein eßlöffelweise zugeben. Den feuchten Teig gut durcharbeiten. Zudecken und 30 Minuten bei Zimmertemperatur ruhenlassen.

Die Arbeitsfläche mit Mehl bestäuben, den Teig dünn darauf ausrollen. In knapp 2 cm breite Streifen schneiden und mit einer Palette von der Arbeitsfläche lösen. Bis zum Kochen locker auf ein mit Mehl bestäubtes Tablett legen und zudecken.

Für die Sauce die Zwiebel und den Knoblauch pellen und fein hacken. In 20 g Butter oder Margarine glasig dünsten. Brühe und Sahne zugießen und im offenen Topf 20 Minuten bei milder Hitze kochen lassen.

Die Pfifferlinge putzen. Das restliche Fett erhitzen, die Pilze und den restlichen Thymian darin 2 Minuten kräftig braten. Mit Salz und Pfeffer würzen. Die Erbsen zugeben und 3 Minuten mitgaren.

Die Sauce zu den Pfifferlingen gießen. Das restliche Eigelb und den Parmesan unterrühren. Mit Zitronensaft, Zitronenschale und Salz würzen. Warm halten, aber nicht mehr kochen lassen.

Die Nudeln in gesalzenem Wasser ungefähr 3-4 Minuten garen. Die Pinienkerne in einer Pfanne ohne Fett hellbraun rösten. Die Nudeln abtropfen lassen, mit der Pfifferlingsauce servieren und den Pinienkernen bestreuen.

Pro Portion ca. 29 g Eiweiß, 51 g Fett, 68 g Kohlenhydrate = 3758 Joule (899 Kalorien)

THYMIAN

Leberknödel-Suppe

Für 4 Portionen:
500 g Ochsenbein
1 kg Roastbeefknochen
2 Zwiebeln
1 Bund Suppengrün
1 Lorbeerblatt
1 El getrockneter Ingwer
1 Tl Muskatblüte (oder Muskatnuß)
1 Tl Pfefferkörner, Salz
350 g Kalbsleber
2 Brötchen, 2 Bund Thymian
40 g Butter oder Margarine
1 Ei (Gew.-Kl. 2)
Pfeffer a. d. Mühle
100 g Möhren
1 dicke Frühlingszwiebel

Das Ochsenbein und die Knochen mit 2 1/2 l kaltem Wasser bedeckt zum Sieden bringen und abschäumen. Die ungeschälten Zwiebeln quer halbieren, die Schittflächen dunkelbraun rösten. Das Suppengrün putzen, waschen und grob zerteilen, mit den Zwiebeln, den Gewürzen und wenig Salz in den Topf geben. Alles etwa 2 Stunden im offenen Topf eher ziehen als kochen lassen, dann die Brühe durch ein Haarsieb abgießen und auffangen, überflüssiges Fett abschöpfen. Die Brühe nachwürzen. Während die Brühe kocht,

die Leberknödel vorbereiten. Dafür die Kalbsleber in Streifen schneiden, von den Brötchen die Rinde abschneiden, die Brötchen grob würfeln. Die Thymianblättchen von den Stielen zupfen. Gut die Hälfte des Thymians und die Brötchenwürfel in der Butter oder Margarine kurz anbraten, etwas abkühlen lassen. Dann im Wechsel mit den Leberstreifen durch die feine Scheibe des Fleischwolfs drehen. Die Masse mit dem Ei verrühren, herzhaft mit Salz und Pfeffer würzen und kühl stellen, bis die Brühe fertig ist.

Die Möhren schälen, waschen und in dünne Scheiben schneiden. Zwiebel und Möhren mit dem restlichen Thymian in der heißen Brühe etwa 20 Minuten ziehen lassen. Inzwischen mit 2 nassen Eßlöffeln 16 bis 20 Leberknödel formen und in siedendem Salzwasser etwa 10 Minuten garen. Mit der Schaumkelle herausheben und in die Brühe geben. Dort noch weitere 5 Minuten ziehen lassen.

Pro Portion ca. 40 g Eiweiß, 44 g Fett, 23 g Kohlenhydrate = 2981 Joule (712 Kalorien)

Thymianfisch aus dem Ofen

Für 4 Portionen:
6 Knoblauchzehen
4 Zwiebeln (200 g)
200 g gelbe Paprikaschoten
100 g Toastbrot
2 Bund Thymian
6 El Olivenöl, Salz
weißer Pfeffer a. d. Mühle
1 Fisch (etwa 2 kg, z. B. Dorsch)
600 g Kartoffeln
4 Tomaten
4 dünne Scheiben fetter Speck, 50 g Butter
1/8 l Weißwein (trocken)
1/4 l Brühe (Instant)
1 Bund glatte Petersilie

Knoblauch und Zwiebeln pellen und hacken. Die Paprikaschoten putzen und fein würfeln. Das Toastbrot entrinden und ebenfalls in feine Würfel schneiden. Die Thymianblätter von den Stielen zupfen.

3 El Öl erhitzen, den Knoblauch und Zwiebeln darin bei milder Hitze andünsten. Dann die Paprikawürfel, das Toastbrot und die Hälfte des Thymians untermischen und kurz anbraten. Mit Salz und Pfeffer würzen und etwas abkühlen lassen.

Den Fisch säubern und trocknen, von innen und außen mit Salz würzen. Mit einem Teil der vorbereiteten Mischung füllen, zuklappen und in eine große, ofenfeste Form legen.

Die Kartoffeln waschen und schälen. In dünne Scheiben schneiden. 5 bis 8 Minuten in kochendem Salzwasser vorgaren. Abtropfen lassen und um den Fisch legen.

Die Tomaten oben über Kreuz einschneiden, den Speck hineinstecken und auf die Kartoffeln geben. Die Butter in Flöckchen auf dem Fisch verteilen. Wein und Brühe zugießen. Den Ofen auf 200 Grad (Gas 3) vorheizen.

Die Petersilie hacken. Bis auf 1 El mit dem restlichen Thymian mischen, über den Fisch und etwas über die Kartoffeln streuen. Das restliche Öl über die Kartoffeln träufeln. Die restliche Füllung ebenfalls über den Kartoffelscheiben verteilen.

Den Fisch auf der 2. Einschubleiste von unten 45 Minuten garen. Vorm Servieren mit der restlichen Petersilie bestreuen.

Pro Portion ca. 28 g Eiweiß, 32 g Fett, 38 g Kohlenhydrate = 3004 Joule (718 Kalorien)

163

VANILLE

Die Vanillepflanze ist ein tropisches Lianengewächs mit breiten Blättern und großen gelben Blüten, die schon nach ein paar Stunden verwelken. Zum Würzen verwendet werden die langen Schoten, die aus den befruchteten Blüten entstehen. Ihre Urheimat sind die Urwälder Mexikos. Mehr als 90 Prozent der Welternte kommt aber nicht von dort, sondern von Madagaskar, den Komoren und von Réunion, das früher Bourbon hieß. (Daher auch die Handelsbezeichnung Bourbon-Vanille.) Obwohl

nämlich die Mexikaner jeden mit schweren Strafen bedrohten, der es wagen sollte, Vanillepflanzen aus dem Land zu bringen, gelang es dem französischen Statthalter der Insel Bourbon, das Monopol zu brechen: Er entdeckte nämlich die begehrten Pflanzen im botanischen Garten seiner Heimatstadt in Frankreich und baute sie sofort auf Bourbon an. Ihren charakteristischen Duft entwickelt eine Schote übrigens nicht an der Pflanze; sie muß vor der Vollreife gepflückt werden und fermentieren. Kaufen Sie für feine Speisen nach Möglichkeit die ganzen Schoten, sie haben den

weitaus feineren Geschmack als Vanillezucker. Halten Sie sie gut verschlossen und trocken, denn sie nehmen leicht fremde Gerüche an. Zum Würzen wird die Schote längs aufgeschlitzt und das Mark mit der stumpfen Messerseite herausgekratzt. Wenn möglich, lassen Sie die Schote mitkochen. Sie enthält nämlich noch mehr Aroma als das Mark.
Vor allem für feine Desserts sollten Sie mit frisch ausgekratztem Vanillemark würzen, oder auch ersatzweise

mit echtem Vanillezucker (zu erkennen an den schwarzen Pünktchen). Für Kuchen können Sie aber auch unbedenklich den synthetisch hergestellen Vanillinzucker verwenden. Die feinen Aromastoffe der echten Vanille verfliegen nämlich durch längeres Erhitzen.

Vanillecrêpes mit Eis und Weinbrandbirnen

Für 4 Portionen:
40 g Mehl
1 Prise Salz, 30 g Zucker
1/8 l Milch, 30 g Butter
2 Birnen (ca. 400 g)
8 El Zitronensaft
4 cl Weinbrand
1 Vanilleschote, 4 El Puder-
zucker
Öl zum Backen
Vanilleeis (500 ccm)

Für den Crêpeteig Mehl, Salz, 1 Prise Zucker und die Milch verrühren. Mindestens 20 Minuten ausquellen las- sen. Dann die Butter schmel- zen und unterrühren.

Während der Teig quillt, die Birnen schälen, achteln, die Kerngehäuse entfernen. Den restlichen Zucker in einer Pfanne goldbraun karameli- sieren lassen, Birnenspalten und Zitronensaft zugeben und im Karamel durchschüt- teln. Den Weinbrand zuge- ben und 2 Minuten bei mil- der Hitze dünsten, dabei die Birnenachtel einmal wenden. Dann abkühlen lassen.

Vanilleschote längs aufschlit- zen, das Mark herauskrat- zen. 1 Messerspitze Vanille- mark zu den Birnen geben.

Das restliche Mark mit dem Puderzucker mischen.

Zwei kleine Pfannen ganz dünn mit Öl auspinseln. Nacheinander vier Crêpes backen. Crêpes mit Hilfe eines Tellers wenden. Die fer- tigen Crêpes auf Teller glei- ten lassen, eine Hälfte mit Vanilleeis belegen, die andere Hälfte überklappen. Die Bir- nenspalten auf die Teller ver- teilen. Dann den Vanillepu- derzucker darübersieben und sofort servieren.

Pro Portion ca. 8 g Eiweiß, 16 g Fett, 57 g Kohlenhydrate = 1795 Joule (429 Kalorien)

VANILLE

Äpfel auf Nußmakronen mit Vanillesauce

Für 8 Portionen:
Für die Äpfel:
1 Zitrone (unbehandelt)
1/2 l Weißwein (trocken)
150 g Zucker
8 säuerliche Äpfel (etwa
1 kg, möglichst Boskop)
Für die Makronen:
300 g Haselnußkerne
3 Eiweiß (Gew.-Kl. 2)
150 g Zucker, 1 Messerspitze
Zimt
1 Prise Salz, 8 Backoblaten
(9 cm Durchmesser)
Für die Sauce:
1/4 l Schlagsahne,
1/4 l Milch, 1 Prise Salz
1 Vanilleschote, 80 g Zucker
4 Eigelb, 10 g Speisestärke
150 g Johannisbeergelee
(rot)

Die Zitrone waschen und in Scheiben schneiden. Mit 1/4 l Wasser, Weißwein und Zucker aufkochen. Die Äpfel schälen, die Kerngehäuse ausstechen. Die Zitronenscheiben aus dem Sud nehmen. Die Äpfel hineingeben und zugedeckt bei milder Hitze 8 bis 10 Minuten garen (sie sollen weich sein, aber nicht zerfallen). Im Sud abkühlen lassen. Die Haselnußkerne auf ein Backblech geben, bei 175 Grad (Gas 2) auf der mittleren Einschubleiste 8 bis 10 Minuten rösten. In ein Drahtsieb schütten, auskühlen lassen, die braunen Häutchen abreiben. In der Mandelmühle malen. Eiweiß mit Zucker, Zimt und Salz zu steifem Schnee schlagen. Den Eischnee mit einem Holzspatel unter die gemahlenen Nüsse heben. Die Oblaten mit einem Abstand von 5 bis 6 cm auf einem Backblech verteilen. Die Nußmasse in einen Spritzbeutel (große Lochtülle) füllen und spiralförmig von innen nach außen auf die Oblaten spritzen. Auf der mittleren Einschubleiste bei 180 Grad (Gas 2-3) 20 bis 25 Minuten backen. Auf Kuchengittern gut auskühlen lassen.

Für die Sauce Sahne und Milch mischen. 3/8 l davon mit Salz und der aufgeschnittenen Vanilleschote zum Kochen bringen. Die restliche Sahne-Milch mit Zucker, Eigelb und Speisestärke verquirlen, mit dem Schneebesen unter die kochende Milch schlagen und unter Rühren kurz durchkochen lassen (vorher die Vanilleschote herausnehmen). Den Topf sofort von der Kochstelle ziehen, weiterschlagen, bis die Sauce cremig ist. Die Äpfel in einem Sieb abtropfen lassen (den Sud z.B. für Kaltschale verwenden). Die Makronen auf Portionsteller verteilen. Je 1 Apfel auf die Makronen legen, je 1 El Johannisbeergelee einfüllen. Die warme Vanillesauce darübergießen.

Pro Portion ca. 10 g Eiweiß, 37 g Fett, 68 g Kohlenhydrate = 3084 Joule (737 Kalorien)

Vanillestrudel mit Orangensauce

Für ca. 8 Portionen:
150 g Mehl, Salz
2 El Öl, Öl zum Bepinseln
Mehl zum Bestäuben
1 kg Quark (20% Fett-
gehalt)
4 Vanilleschoten
4 Eigelb (Gew.-Kl. 2)
70 g Zucker
40 g gehackte Mandeln
30 g Butter zum Bestreichen
1/8 l Orangensaft
150 g Orangenmarmelade

Für den Strudelteig Mehl und Salz mit 75 ccm lauwar-mem Wasser verrühren, mit dem Öl zu einem Teig ver-kneten. Mindestens 5 Minu-ten kräftig durchkneten. Dann den Teig zu einer Kugel formen, rundum mit Öl ein-pinseln und mit Folie ab-decken. Mindestens 30 Mi-nuten bei Zimmertemperatur ruhenlassen.

Inzwischen den Quark in ei-nem Geschirrtuch kräftig ausdrücken. Er muß ganz trocken werden. Die Vanille-schoten längs aufschlitzen, das Mark herauskratzen. Ei-gelb, 50 g Zucker und Vanil-lemark mit 2 El lauwarmem Wasser verrühren und mit den Quirlen des Handrüh-rers auf höchster Stufe 7-10 Minuten dick aufschlagen. Dann nach und nach den Quark unterrühren.

Den Strudelteig auf einem mit Mehl bestäubten Kü-chentuch ausrollen. Dann unter den Teig fassen und ihn langsam nach allen Seiten so dünn wie möglich zu einem Rechteck von ca. 35 x 45 cm Größe ausziehen.

Die Quarkfüllung dick auf zwei Drittel des Rechtecks streichen, mit Mandeln be-streuen. Den Strudel mit Hilfe des Küchentuchs auf-rollen. Die Kanten unter-schlagen. Den Strudel in eine dünn mit Öl ausgepinselte Auflaufform legen. Die Oberfläche mit einer Nadel mehrmals einstechen. Bei 200 bis 225 Grad (Gas 3-4) in ca. 40 Minuten auf mittlerer Einschubleiste goldbraun backen. Zwischendurch mit der Butter bepinseln.

Saft mit Zucker im offenen Topf leicht dickflüssig einko-chen. Die Marmelade im Saft auflösen, kalt stellen.

Den Strudel lauwarm servie-ren. Sauce extra reichen.

Pro Portion ca. 20 g Eiweiß, 18 g Fett, 42 g Kohlenhydrate = 1743 Joule (417 Kalorien)

WACHOLDER

Seit jeher hat man dem Wacholderstrauch geheimnisvolle Kräfte zugesprochen. Wer seine Beeren aß, war gegen Hexen und böse Geister gefeit, gegen die Pest, das Altern und Bauchweh. Darum zogen die Germanen stets ihre Kopfbedeckung ab, wenn sie einen Wacholderstrauch sahen.

In jedem Aberglauben steckt bekanntlich ein bißchen Wahrheit, so auch hier. Zaubern kann man mit Hilfe des Wacholderstrauches nicht. Aber seine Beeren wirken entschlackend und anregend, Pfarrer Kneipp empfahl sie darum zu diversen Kuren. Sie bringen sogar Linderung bei vielen Rheumaerkrankungen (aber Achtung: Nierenkranke sollten sie nicht in größeren Mengen zu sich nehmen, da sie nierenreizend wirken!).

Der Wacholderstrauch gehört zur großen Gattung der Nadelhölzer, und zwar zur engeren Familie der Zypressengewächse. Wie alle Koniferen hat er nadelartige Blätter. Und das Aussehen seiner Früchte, der Wacholderbeeren, täuscht: Es sind nämlich gar keine Beeren, sondern winzigkleine Tannenzapfen, die nur deshalb wie Beeren wirken, weil ihre dicht zusammengewachsenen Schuppen fleischig sind. Die meisten Wacholderbeeren werden übrigens für die Schnapsherstellung gebraucht — als Gewürz sind sie ziemlich aus der Mode gekommen. Dabei schmecken sie besonders gut zu allem kräftigen Fleisch, vor allem zu Wild, aber auch zum Beispiel zum Rind (klassisch: Wacholderbeeren am Sauerbraten) und zum Schweinebraten. Sollen Wacholderbeeren lange mitgaren, wie z.B. am Sauerbraten, gibt man sie im ganzen ans Gericht. Für eine schnelle Sauce sollte man sie lieber im Mörser oder mit einem schweren Messer zerdrücken. Aber aufgepaßt: Wenn man sie zerdrückt, geben sie ihr ganzes, intensives Aroma ab. Darum mit zerdrückten Wacholderbeeren äußerst sparsam sein!

Rinderfilet auf Wacholder-Holunder-Sauce

Für 4 Portionen:
4 Filetsteaks (à 150 g)
Pfeffer a. d. Mühle
1 Tl Wacholderbeeren
50 g Schalotten
30 g Butter oder Margarine
1/8 l Rotwein (trocken)
4 El Holunderbeersaft
(a. d. Reformhaus)
1 gestr. Tl. Speisestärke
20 g Butterschmalz, Salz

Die Filetsteaks rundum mit Pfeffer und 2 bis 3 zerdrückten Wacholderbeeren einreiben. Mit einem Fleischfaden rund binden. Beiseite stellen. Die Schalotten pellen und fein würfeln. In Butter oder Margarine glasig dünsten. Mit Rotwein und Holunderbeersaft auffüllen und im offenen Topf kräftig durchkochen. Die Speisestärke mit 1 El Wasser anrühren, die Sauce damit aufkochen, bis sie klar wird, und warm halten.

Butterschmalz in einer Pfanne sehr heiß werden lassen. Die Filetsteaks salzen und von beiden Seiten scharf anbraten. Die restlichen Wacholderbeeren zugeben. Die Steaks von jeder Seite ca. 3 Minuten braten, dann in Alufolie wickeln und 2 Minuten nachziehen lassen. Die Sauce durch ein Sieb in die Bratpfanne gießen und erhitzen. Mit Salz abschmecken. Zu den Steaks servieren. Dazu schmecken Bratkartoffeln und Rotkohl.

Pro Portion ca. 29 g Eiweiß, 18 g Fett, 3 g Kohlenhydrate = 1312 Joule (314 Kalorien)

WACHOLDER

Leberpastete mit Wacholder

Für 8-10 Portionen:
650 g Jungrindleber
350 g Schweinenacken (ohne Knochen)
250 g durchwachsener Speck
2 Zwiebeln (ca. 150 g)
1 El Wacholderbeeren
40 g Schweineschmalz
50 g Butter oder Margarine
40 g Mehl
1/4 l Schlagsahne, 2 Eier (Gew.-Kl. 2)
Salz, schwarzer Pfeffer a. d. Mühle
1/2 Tl getrockneter Thymian

250 g Leber in kleine Würfel schneiden, beiseite stellen, die restliche Leber, das Nackenfleisch und den Speck (ohne Schwarte) grob würfeln und zweimal durch die mittlere Scheibe des Fleischwolfs drehen. Die Zwiebeln pellen und grob würfeln. 1/2 El Wacholderbeeren zerdrücken (mit dem Mörser oder einem schweren Messer). Zwiebeln und die zerdrückten Beeren 5 Minuten in dem Schmalz dünsten. Dann abkühlen lassen und durch die feine Scheibe des Fleischwolfs drehen. Zur Fleischmasse geben.

Die Butter oder Margarine in einem kleinen Topf aufschäumen lassen. Das Mehl unterrühren und anschwitzen. Die Sahne unter Rühren mit dem Schneebesen zugießen und 3 Minuten bei milder Hitze kochen. Die Bechamel etwas abkühlen lassen, dann die Eier unterrühren. Die Bechamel und die Leberwürfel unter die Fleischmasse rühren. Mit Salz, Pfeffer und Thymian würzen. In eine Terrinenform von 1 1/4 l Inhalt gießen. Oberfläche glattstreichen. Die restlichen Wacholderbeeren darüberstreuen.

Auf mittlerer Einschubleiste bei 175 Grad (Gas 2) 1 Stunde ohne Deckel garen. Abkühlen lassen und über Nacht zugedeckt im Kühlschrank durchziehen lassen. Mit frischem knusprigem Bauernbrot servieren.

Pro Portion (bei 10 Portionen) ca. 23 g Eiweiß, 43 g Fett, 8 g Kohlenhydrate = 2161 Joule (516 Kalorien)

Äpfel auf Wacholdersahne

Für 4 Portionen:
50 g Zucker
150 ccm Weißwein (trocken)
4 El Zitronensaft
2 große Äpfel (ca. 400 g)
1 Tl Wacholderbeeren
150 ccm Schlagsahne
4 El Blaubeeren (ca. 100 g)
4 Tl brauner Zucker
Vanilleeis (Fertigprodukt)

Den Zucker zu goldbraunem Karamel schmelzen lassen. Dann ganz vorsichtig Weißwein und Zitronensaft zugießen (Spritzgefahr!) und bei milder Hitze kochen, bis sich der hart gewordene Karamel gelöst hat.
Inzwischen die Äpfel schälen und vierteln, die Kerngehäuse herausschneiden. Die Apfelviertel in je 3 Längsspalten schneiden. In den Karamelsud geben und bei milder Hitze ca. 5 Minuten glasig dünsten. Dabei einmal wenden. Dann mit der Schaumkelle herausnehmen und abtropfen lassen. Die

Wacholderbeeren zerdrücken und mit der Sahne zu dem Sud geben. Etwa 5 Minuten bei starker Hitze unter Rühren einkochen. Dann durch ein feines Sieb abgießen. Die Sauce mit dem Schneidstab des Handrührers schaumig aufschlagen.
Auf 4 große Teller verteilen. Die Äpfel darauf anrichten. Blaubeeren ebenfalls auf die Teller verteilen. Mit dem braunen Zucker bestreuen. Zuletzt einen Löffel Eis zugeben und sofort servieren.

Pro Portion ca. 4 g Eiweiß, 14 g Fett, 50 g Kohlenhydrate = 1529 Joule (366 Kalorien)

ZIMT

Obwohl Zimt schon im „Hohen Lied" des Salomo erwähnt wird, obwohl die feinen Damen Ägyptens und Roms sich aus ihm Schönheitstinkturen machen ließen und die Kräuterärzte bis ins Mittelalter hinein aus Zimt Medizin gegen die unterschiedlichsten Krankheiten verschrieben und natürlich auch die Köche ihn reichlich für süße und salzige Gerichte verwendeten: Wo er herkommt und wie er gewonnen wird, das wußte bis ins 16. Jahrhundert hinein bei uns in Europa niemand so recht. So glaubte der griechische Gelehrte und Weltenbummler Herodot zum Beispiel, die Zimtstangen würden von riesigen Vögeln zum Bau ihrer Nester gesammelt. Wer sie ihnen ablisten wollte, müsse den Vögeln riesige Fleischstücke als Köder hinlegen. Die gierigen Tiere trügen dann soviel Fleisch in ihre Nester, bis diese zu schwer würden und vom Baum fielen. Und jahrhundertelang schrieben seine Schüler blind von ihm ab. Diese haarsträubenden Lügengeschichten waren gezielte Verschleierungstaktik der Araber, die nicht wollten, daß ihnen jemand in den lukrativen Zimthandel pfuschte.

Erst als die Portugiesen im 16. Jahrhundert die Urheimat des Zimts, Ceylon, eroberten, kam es heraus: Zimt ist die getrocknete Rinde von zarten Ästen des Zimtbaumes. Die Rinde wird vom Korkmantel befreit und getrocknet, dabei rollt sie sich zu den Stangen auf, die wir kennen. Der feinste Zimt kommt übrigens immer noch aus Ceylon. Er wird unter dem Namen Caneel oder Ceylonzimt verkauft.

Im Aroma derbere und schärfere Sorten kommen u. a. aus China und von den Seychellen. Zimt aus diesen Ländern wird unter dem Namen China-Zimt oder Kassia gehandelt. Bei uns ist er als Gewürz ungebräuchlich. Aber auch der feine Ceylon-Zimt verliert schnell seinen Duft, wenn er gemahlen ist.

Darum sollten Sie auch den ganzen Zimtstangen immer dann den Vorzug geben, wenn Sie sie während des Zubereitungsvorgangs in Flüssigkeit ziehen lassen können. Zimtpulver gehört nur ans Gebäck und über fertige Speisen.

Zimtstangen halten ungefähr drei Jahre, wenn man sie gut verschlossen und dunkel aufbewahrt. Zimtpulver sollten Sie so schnell wie möglich verbrauchen.

Stifado

Für 4-6 Portionen:
1,5 kg Hochrippe
4 El Öl
1 kg kleine Zwiebeln, Salz
6 Lorbeerblätter
1/2 El Wacholderbeeren
2 Gewürznelken
1/2 El Pfefferkörner
6 Zimtstangen
375 g Möhren
125 g griechische oder italienische Suppennudeln
(ersatzweise Suppenmuschelnudeln)
1 Bund glatte Petersilie
1/2 Bund Bohnenkraut
1/2 Bund Thymian

Die Hochrippe in sehr heißem Öl von beiden Seiten scharf anbraten. Mit gut 2 l Wasser auffüllen und zum Kochen bringen. Sorgfältig abschäumen und die Hitze herunterschalten.

2 ungepellte Zwiebeln halbieren, die Schnittflächen auf einer heißen Herdplatte dunkelbraun anrösten. Zum Fleisch geben. Alles mit Salz würzen. Lorbeer, leicht zerdrückten Wacholder, Nelken, Pfeffer und Zimt zugeben. Ohne Deckel bei milder Hitze insgesamt 2 1/2 Stunden garen. Das Fleisch ab und zu wenden. Gelegentlich abschäumen und Fett abschöpfen.

Nach einer Stunde die ungepellten Zwiebeln herausnehmen. Die restlichen Zwiebeln pellen und unzerteilt in die Brühe geben. Die Möhren putzen, waschen und in Stücke schneiden. Die Möhren 30 Minuten vor Ende der Garzeit zugeben.

Inzwischen die Nudeln in Salzwasser knapp gar kochen und abgießen. Die Kräuter von den Stielen zupfen. Die Gewürzkörner so weit wie möglich mit der Schaumkelle von der Oberfläche abnehmen.

Das Fleisch aus der Brühe nehmen und von den Knochen lösen, das Fett abschneiden. Das Fleisch würfeln, mit den Nudeln und Kräutern in die Brühe geben und fünf Minuten ziehen lassen. Eventuell nachwürzen und servieren.

Tip: Der Eintopf schmeckt noch besser, wenn man die Brühe am Vortag zubereitet und das Fleisch über Nacht in der Brühe durchziehen läßt.

Pro Portion (bei 6 Portionen) ca. 45 g Eiweiß, 44 g Fett, 26 g Kohlenhydrate = 3001 Joule (717 Kalorien).

ZIMT

Möhrenpuffer

*Für 25-30 Puffer oder 4-6
Portionen:*
*500 g Möhren, 100 g Kar-
toffeln*
100 g Walnußkerne
3 Eier (Gew.-Kl. 2)
40 g Mehl
*1 Tl dünn abgeriebene
Schale von einer unbehan-
delten Orange*
Salz, 75 g Butterschmalz
50 g Zucker, 1 Tl Zimt
200 g Crème fraîche

Möhren waschen, putzen,
schälen, auf der groben Seite
der Haushaltsreibe raffeln.
Kartoffeln schälen, waschen
und fein reiben. Walnuß-
kerne grob hacken.
Möhren, Kartoffeln, Wal-
nußkerne, Eier, Mehl, Orangenschale und Salz gut mischen.
Jeweils 15 g Butterschmalz in
der Pfanne heiß werden lassen. Pro Bratvorgang 4 - 5 El
Teig nebeneinander ins heiße
Fett geben und etwas flachdrücken.
Die Puffer von jeder Seite 2
- 3 Minuten goldbraun braten. Die fertigen Puffer auf

einer Platte im vorgeheizten
Backofen bei 100 Grad (Gas
1) warm halten, bis alle gebraten sind.
Vor dem Servieren Zucker
und Zimt mischen. Die Puffer erst mit kalter Crème
fraîche begießen, dann mit
Zimtzucker bestreuen.

Pro Portion (5 Puffer) ca. 12 g Eiweiß, 40 g Fett, 44 g Kohlenhydrate
= 2461 Joule (588 Kalorien)

Apfeltorteletts

Für 6 Stück:
300 g Äpfel
2 El Zitronensaft
40 g Puderzucker
100 ccm Weißwein
etwas abgeriebene Zitronenschale (unbehandelt)
1 Zimtstange
1 Tl Speisestärke
6 Torteletts (fertig gekauft)

Äpfel schälen, vierteln, Kerngehäuse entfernen und die Viertel in Spalten schneiden, sofort mit 1 El Zitronensaft vermengen.

Puderzucker als Häufchen in einen Topf geben. Sobald er zu schmelzen beginnt, mit einem Holzlöffel rühren, bis sich der Zucker aufgelöst hat.

Die Apfelspalten zugeben und in dem Karamel wenden. Das Ganze mit Weißwein ablöschen. Zitronenschale und Zimtstange zugeben und zugedeckt 3 - 4 Minuten bei milder Hitze garen.

Die Apfelspalten mit der Schaumkelle herausnehmen, Zimtstange entfernen. Den Sud mit restlichem Zitronensaft würzen. Die Stärke in etwas kaltem Wasser auflösen, in den Sud rühren und kurz aufkochen.

Die Torteletts mit den ausgekühlten Apfelspalten belegen und mit dem Sud überziehen, nach Wunsch mit Sahne und Schokoladenblättchen garnieren. Dazu paßt Zimtsahne.

Pro Stück ca. 2 g Eiweiß, 1 g Fett, 30 g Kohlenhydrate = 623 Joule (146 Kalorien)

ZITRONENMELISSE

Unseren Vorfahren galt sie als eins der wichtigsten Heilkräuter. Die Kräuterdoktoren verschrieben sie gegen Gedächtnisstörung und Hysterie, gegen Frauenleiden und noch vieles andere mehr. Nicht ganz zu Unrecht, wie man heute weiß. Denn Zitronenmelisse heilt zwar keine Gedächtnisstörungen, aber sie wirkt krampflösend und beruhigend und ist auch heute noch in der Naturheilkunde ein anerkanntes Medikament zum Beispiel gegen Schlaflosigkeit und Magenbeschwerden.

Mindestens ebenso wichtig wie ihre medizinischen sind aber ihre kulinarischen Qualitäten. Mit ihrem frischen, an Zitronenschale erinnernden Aroma sind die Blätter der Zitronenmelisse eine ausgezeichnete Würze für Salate. Sie vertragen sich übrigens mit allen anderen frischen Kräutern. Sie schmecken außerdem gut an kalten cremigen Kräutersaucen, an Kräuterbutter und Kräuterquark. Und: Sie sind eine raffinierte und dekorative Würze für frische, süß-sauer abgeschmeckte Desserts. Wenn Sie sie an warme Speisen geben, nicht mitkochen lassen, sonst verlieren sie ihr Aroma! Und wenn Sie Zitronenmelisse für den Winter konservieren wollen: abgezupfte Blättchen portionsweise in Alufolie oder Kunststoffbeutel packen und einfrieren.

Persischer Enten-Pilaw

Für 4 Portionen:
30 g Rosinen
100 g getrockn. Aprikosen
30 g Haselnußkerne
125 g Wildreis, Salz
20 g frische Peperoni
150 g Zwiebeln
4 Knoblauchzehen
1 Ente (etwa 1,6 kg)
150 g Naturreis
1 Bund Zitronenmelisse

Rosinen waschen, Aprikosen würfeln. Haselnüsse vierteln und in einer trockenen Pfanne anrösten, dann beiseite stellen. Den Wildreis in kochendem Salzwasser 10 Minuten vorgaren, in ein Sieb gießen.

Die Peperoni vom Stielansatz befreien und längs halbieren. Die Kerne unter fließendem Wasser herauswaschen. Die Peperoni quer in schmale Streifen schneiden. Zwiebeln und Knoblauch pellen. Die Zwiebeln würfeln, den Knoblauch fein hacken. Die Ente mit Knochen in 12 bis 16 Stücke zer-

teilen. Die Talgdrüsen und sichtbares Fett am Rückgrat nicht verwenden. Grobe Federkiele herausziehen. Die Ententeile mit Salz würzen.

In einem flachen, schweren Bräter zuerst die Entenstücke im eigenen Fett langsam von beiden Seiten hellbraun anbraten, dann herausnehmen und abtropfen lassen.

Zwiebeln, Knoblauch, Aprikosen und Rosinen im Entenfett unter Rühren anbraten. Wild- und Naturreis zugeben, andünsten. Salzen. 2/3 der Peperoni unterrühren. 1/2 l Wasser zugießen. Die Entenstücke mit der

Hautseite nach oben in den Bräter legen.

Bräter schließen und auf die 2. Einschubleiste von unten in den Backofen stellen. Bei 175 Grad (Gas 2) 1 1/4 Stunden garen. Dann den Deckel abnehmen, evtl. 1/8 l Wasser zugießen und die Hitze auf 225 Grad (Gas 4) hochschalten.

Weitere 5 bis 10 Minuten garen. Mit den Haselnüssen, den restlichen Peperoni und den Melissenblättern bestreuen. Im Bräter servieren.

Pro Portion ca. 68 g Eiweiß, 61 g Fett, 74 g Kohlenhydrate = 4898 Joule (1171 Kalorien)

ZITRONENMELISSE

Quarktarte
mit Melissen-Gelee

Für 12 Stücke:
2 Bund Zitronenmelisse
1/4 l Weißwein (halb-
trocken)
200 g Mehl
200 g Zucker
125 g Butter oder Margarine
3 Eier (Gew.-Kl. 4)
1 Prise Salz
1 Vanilleschote
375 g Magerquark
6 El Schlagsahne
1 Päckchen Vanillezucker
1/2 Päckchen Vanillepud-
dingpulver
2 El Zitronensaft
abgeriebene Schale von 1/2
unbehandelten Zitrone
3 Blatt weiße Gelatine

Von der Zitronenmelisse ein paar Zweige mit schönen Blättern beiseite legen. Die restliche Melisse fein hacken, mit dem Wein begießen und zugedeckt beiseite stellen. Aus Mehl, 80 g Zucker, der Butter oder Margarine, 1 Ei und einer Prise Salz einen Mürbeteig kneten. Eine Springform von 26 cm Durchmesser mit dem Teig belegen, den Teigrand ca. 4 cm hoch ziehen. Die Springform sehr kalt stellen.
Die restlichen Eier trennen. Die Vanilleschote längs aufschlitzen, das Mark herauskratzen. Den Quark mit Eigelb, Vanillemark, Sahne, Vanillezucker, dem restlichen Zucker, Vanillepuddingpulver, Zitronensaft und -schale verrühren. Das Eiweiß zu steifem Schnee schlagen und unterziehen. Die Quark-

masse in die Springform füllen und glattstreichen. Bei 175 Grad (Gas 2) auf der untersten Einschubleiste 45 Minuten backen, dann vollständig abkühlen lassen. Die Gelatine in kaltem Wasser einweichen. Den Wein mit den Melisseblättern durch ein feines Sieb gießen. Die Gelatine tropfnaß bei milder Hitze auflösen, unter den Wein rühren. Die Oberfläche der Tarte damit bepinseln. Die zurückbehaltenen Melisseblätter von den Stengeln zupfen und auf der Oberfläche verteilen, kurze Zeit kühl stellen. Dann den restlichen Weinsud auf die Tarte gießen und fest werden lassen. Kalt servieren.

Pro Stück ca. 9 g Eiweiß, 12 g Fett, 33 g Kohlenhydrate = 1340 Joule (320 Kalorien)

Melissen-Lamm mit Erbsen

Für 4 Portionen:
1 kg Lammfleisch aus der Schulter
4 El Öl
Salz, Pfeffer a. d. Mühle
1 El Mehl
300 g Perlerbsen (TK)
200 g Crème fraîche
1 Bund Zitronenmelisse
2 Tl fein abgeriebene Schale von einer unbehandelten Zitrone

Das Lammfleisch in Würfel schneiden. Im heißen Öl von allen Seiten goldbraun anbraten. Dann mit Salz und Pfeffer würzen. Mit Mehl bestäuben und anschwitzen. Dann nach und nach 1/4 l heißes Wasser zugießen. Zugedeckt ca. 45 Minuten schmoren. Dann die Erbsen und die Crème fraîche zugeben und 5 bis 10 Minuten im offenen Topf garen. Die Melissenblätter hacken und mit der Zitronenschale unterziehen. Mit Reis servieren.

Pro Portion ca. 44 g Eiweiß, 67 g Fett, 16 g Kohlenhydrate = 3746 Joule (895 Kalorien)

ZWIEBELN

Was wäre unsere Küche ohne die Jungfer mit den sieben Häuten, wie die Zwiebel im Volksmund genannt wird. Immerhin sind wir Deutsche nach den Engländern die zweitgrößten Zwiebelesser in Europa. Zwiebeln gibt es bei uns übrigens schon seit 2000 Jahren. Unsere Vorfahren lernten sie von den römischen Söldnern kennen, als diese um Christi Geburt Germanien eroberten und ihre geliebte „Cepula" mitbrachten. Von dem lateinischen Wort Cepula leitet

sich unser Begriff Zwiebel übrigens auch ab.
Zwiebeln waren im Mittelmeerraum schon lange vorher eine beliebte Würzzutat. Der Babylonier-König Nerodoch-Baladan soll sie sogar eigenhändig in seinem Gewürzgarten angepflanzt haben.
Zwiebeln waren aber nicht nur beliebt als Gewürz, schon die Ärzte der Antike schätzten sie als wahre Hausapotheke, die sie ja in Wirklichkeit auch sind.
Sie enthalten nicht nur eine Menge Vitamine und Mineralstoffe, sondern auch ein ätherisches Öl, das Blutdruck und Cholesterinspie-

gel günstig beeinflußt. Die entzündungshemmende Wirkung dieses Öls ist inzwischen unbestritten. Versuchen Sie doch mal beim nächsten Winterhusten einen selbstgemachten Zwiebelhustensaft: einfach Zwiebeln schneiden, mit Zucker bedecken und Wasser ziehen lassen.
Das Zwiebelöl hat nur einen Nachteil: Wenn es mit Sauerstoff in Verbindung kommt, oxydiert es und schmeckt unangenehm. Darum sollten Sie einmal geschnittene Zwiebeln nie stehenlassen, sondern sofort weiterverarbeiten. So sollten Sie nicht nur mit unserer normalen Haushaltszwiebel verfahren, sondern auch mit allen ihren Verwandten. Und das sind:

Die Gemüsezwiebel, groß und milde im Aroma, ein würziges Gemüse, daneben auch eine milde Würze für frische Salate. Sie ist überall da angebracht, wo man Zwiebeln in Mengen braucht.
Die roten und die weißen Zwiebeln, beide sehr fruchtig im Aroma, besonders gut roh zu verwenden.
Die Frühlingszwiebel, ebenfalls frisch und saftig im Aroma, dem Schnittlauch ähnlich. Als Gemüse ebenso wie als milde Würze zu verwenden.
Die Schalotten, die mit ihrer feinen, milden Würze ein Muß für feine Ragouts und Saucen sind.

Pfifferlinge mit Spätzle

Für 4 Portionen:
250 g Spätzle
Salz
400 g Pfifferlinge
50 g Butter oder Margarine
1 Bd. Frühlingszwiebeln
Pfeffer a. d. Mühle
150 g Blauschimmelkäse

Spätzle nach Packungsanweisung in kochendem Salzwasser garen. Pfifferlinge putzen. Pfifferlinge in der Butter oder Margarine 10 Minuten braten. Frühlingszwiebeln putzen, waschen und schräg in Scheiben schneiden.

Die Frühlingszwiebeln und die Spätzle zu den Pfifferlingen geben und 5 Minuten mitgaren, mit Salz und Pfeffer würzen. Den Käse in Scheiben schneiden und vor dem Servieren auf die Portionen verteilen.

Pro Portion ca. 19 g Eiweiß, 24 g Fett, 44 g Kohlenhydrate = 2008 Joule (480 Kalorien)

ZWIEBELN

Zwiebelrostbraten

Für 4 Portionen:
750 g Zwiebeln
80 g Butterschmalz
4 Rumpsteaks (800 g,
doppelt geschnitten wie
Schmetterlingssteaks, vom
Fleischer vorher auch
den Fettrand und die Haut
abschneiden lassen)
Salz, Pfeffer a. d. Mühle
Mehl zum Wenden
2 El trockener Rotwein
150 ccm Brühe (evtl. In-
stant)

Die Zwiebeln pellen, Stielansätze nicht abschneiden.
Zwiebeln in Ringe schnei-
den.
60 g Butterschmalz in einer
großen Pfanne erhitzen. Die
Zwiebeln darin goldbraun
andünsten und anschließend
herausnehmen.
Die Fleischscheiben mit der
Hand flachdrücken, mit Salz
und Pfeffer würzen, eine
Seite in Mehl tauchen. Überschüssiges Mehl abklopfen.
Restliches Butterschmalz in
zwei großen Pfannen erhitzen. Das Fleisch zuerst auf
der bemehlten Seite anbraten, dann unter öfterem

Wenden 4 Minuten weiter-
braten. Rotwein und Brühe
zugießen (nicht über das
Fleisch!). Fleisch zugedeckt
3 - 4 Minuten schmoren, aus
den Pfannen nehmen.
Die Zwiebeln im Bratensaft
erhitzen und anschließend
über das Fleisch geben. Dazu
paßt Kartoffelpüree.
Pro Portion ca. 45 g Eiweiß, 40 g
Fett, 19 g Kohlenhydrate = 2665
Joule (637 Kalorien)

Zwiebelbrot

Für zwei 750-g-Brote:
500 g Roggenmehl (Type 1370)
500 g Weizenschrot (Type 1700) und 2 El Weizenschrot zum Bestreuen
2 - 3 Tl Salz, 1 Tl schwarzer Pfeffer (frisch gemahlen)
2 Pk. Hefe à 42 g
1 Tl Zucker
500 g Zwiebeln
2 El Öl

Roggenmehl und Weizenschrot in eine Schüssel geben, eine Mulde eindrücken. Salz und Pfeffer auf dem Mehlrand verteilen. Die Hefe in die Mulde bröckeln und mit Zucker bestreuen. 5 El lauwarmes Wasser auf Hefe und Zucker gießen und damit verrühren. Diesen Vorteig zugedeckt 15 Minuten gehen lassen.

Alle Zutaten mit 550 ccm lauwarmem Wasser von der Mitte her zu einem Teig verrühren. Teig aus der Schüssel nehmen und durchkneten, danach zugedeckt an einem warmen Platz gehen lassen, bis er sein Volumen verdoppelt hat (etwa 35 Minuten). Inzwischen die Zwiebeln pellen, in Streifen schneiden und im heißen Öl goldbraun braten. Aus der Pfanne nehmen und kalt werden lassen. Den Teig auf der bemehlten Arbeitsfläche mit den Zwiebeln gut verkneten und dann noch einmal zugedeckt 20 Minuten gehen lassen.

Den Ofen auf 225 Grad (Gas 4) vorheizen. Ein Backblech mit Backtrennpapier auslegen.

Den Teig wieder zusammenkneten. Zwei Laibe daraus formen. Die Oberflächen mehrmals diagonal einkerben, mit Wasser einpinseln und mit Weizenschrot bestreuen. Beide Teiglaibe auf dem Backblech abdecken und noch einmal 10 Minuten gehen lassen.

Backblech zusammen mit einer Tasse Wasser auf der 2. Leiste von unten in den Ofen schieben. Brote bei 225 Grad (Gas 4) 60 - 65 Min. backen.

Pro 100 Gramm ca. 7 g Eiweiß, 3 g Fett, 41 g Kohlenhydrate = 951 Joule (227 Kalorien)

WOMIT MAN SONS

ANCHOIS

Französi-
sche Bezeich-
nung für in Salz eingelegte und ge-
reifte Mittelmeer-Sardellen. Nicht mit
unserer „Anchovis" oder dem „Appe-
titsild" verwandt (dies sind nämlich in Kräuter eingelegte Sprotten).
Anchois oder Sardellen verwendet
man in der Mittelmeerküche anstatt
Salz, z. B. zum Würzen von Pizza, von
Lammbraten und von pikanten Saucen.

ANGELIKA

Würz- und Heilpflanze aus der Familie der Doldenblütler, mit bot. Namen
Angelica archangelica. Verwendet werden Samen und Wurzel, die beide Öle,
Aroma- und Bitterstoffe enthalten,
und zwar in der Pharmazie und bei
der Liqueur- und Bitterherstellung.
Die kandierten Blätter verwendet man
außerdem als Garnierung von Torten.

ANGOSTURA

Bitterbranntwein zum Wür-
zen von Cocktails, Long-
drinks und Saucen aus der
Stadt Ciudad Bolivar, die
früher Angostura hieß. Daher der Name. Von seinem
Erfinder ursprünglich nicht
als Würzmittel, sondern als
Medizin gegen Darminfek-
tionen gedacht. Hergestellt
wird er u. a. aus Angostura-
und Chinarinde, Enzian,
Zimt und Kardamom.

APFELDICKSAFT

Sirupartig eingekochter Saft von Äpfeln. Wird vor allem in der Vollwert-
küche anstelle von Zucker verwendet.
Enthält nicht nur Fruchtzucker, sondern auch in konzentrierter Form die
Mineral- und Aromastoffe des Apfels.
Feine Würze für fruchtige Desserts.

BIRNENDICKSAFT

Sirupartig eingekochter Saft von Birnen. Genau wie Apfeldicksaft ein ausgezeichnetes Süßungsmittel zum Würzen fruchtiger Desserts.

BITTERMANDELN

Steinfrüchte
des Bittermandel-
baums. Ihre Kerne enthalten Blausäure
und sind darum roh stark giftig. Zum
Backen und Kochen nimmt man
darum fast nur noch das Bittermandel-
delöl, einen ungiftigen Extrakt aus den
Bittermandeln.

BOCKSHORNKLEE

Trigonella foe-
num-graecum, so
der bot.
Name, ge-
hört zu den
Hülsenfrüch-
ten. Seine bitte-
ren, sellerieähnlich
schmeckenden Sa-
men gehören in Indien zu den Standardgewürzen, die in vielen Gewürzmischungen vorkommen, z. B. auch im
Curry. Seine Blätter, im Aroma eine
Mischung aus Kresse und Sellerie,
werden dort wie bei uns Petersilie verwendet. Bei uns findet man sie zu-
nehmend in der alternativen Küche als
Salatzutat.

BOUQUET GARNI

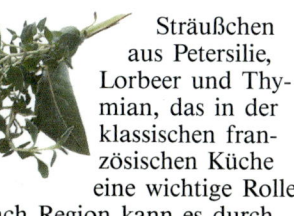

Sträußchen
aus Petersilie,
Lorbeer und Thy-
mian, das in der
klassischen fran-
zösischen Küche
eine wichtige Rolle
spielt. Je nach Region kann es durch
andere Kräuter erweitert werden,
u. a. durch Rosmarin, Sellerieblätter
oder Basilikum. Man gibt es zu

Beginn der Garzeit z. B. an den Boeuf
Bourguignon oder den Coq au Vin und
entfernt es vor dem Servieren wieder.

BRUNNENKRESSE

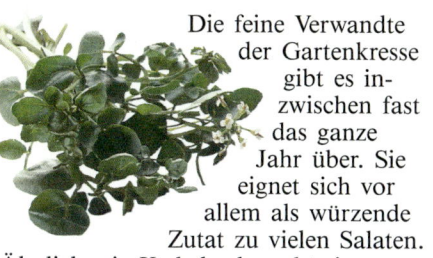

Die feine Verwandte
der Gartenkresse
gibt es in-
zwischen fast
das ganze
Jahr über. Sie
eignet sich vor
allem als würzende
Zutat zu vielen Salaten.
Ähnlich wie Kerbel schmeckt sie
aber auch an einer feinen hellen Sauce
oder in einer sahnigen Suppe. Wichtig:
nie lange erhitzen!

CAYENNEPFEFFER

Höllisch
scharfes
Pulver aus den
Schoten des Capsicum frutescens, des
schärfsten aller Paprika-Arten (vgl.
dazu S. 118 ff.). Im Gegensatz zum
Chilipulver, das aus einer Mischung
aus gemahlenen Schoten, Knoblauch,
Oregano, Kreuzkümmel und Salz besteht, enthält Cayenne nur Chillies.
Cayenne ist nichts als scharf. Da diese
Schärfe nicht verfliegt, können Sie ihn
bis zu einem Jahr gemahlen aufheben.

CILANTRO

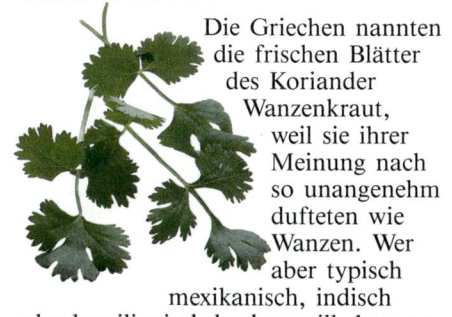

Die Griechen nannten
die frischen Blätter
des Koriander
Wanzenkraut,
weil sie ihrer
Meinung nach
so unangenehm
dufteten wie
Wanzen. Wer
aber typisch
mexikanisch, indisch
oder brasilianisch kochen will, kommt
um Cilantro-Blätter nicht herum, denn
dort wird Cilantro verwendet wie bei
uns Petersilie (vgl. S. 74 ff.).

T NOCH WÜRZT

CHUTNEY

Würzpaste aus Indien. Bei uns am bekanntesten ist Mangochutney, ein Chutney kann aber z. B. auch aus Tomaten, Zwiebeln oder Pilzen gemacht werden. Chutneys sind pikant süß-sauer abgeschmeckt, u. a. mit Zucker, Pfeffer, Ingwer und Rosinen. Sie dienen als Beilage zu Reisgerichten und Fleisch, schmecken aber auch als Würze an Currygerichten, an Reis oder an Saucen, die man z. B. zum Fondue reicht.

CURRYBLATT

Die Bezeichnung „Curryblatt" verdanken die Blätter des Neem-Baumes (bot. Chalcas koenigii) ihrem leicht an Curry erinnernden Duft. Vor allem in Südindien gehören sie frisch an viele Gewürzmischungen, vor allem für Gemüse (vgl. auch S. 36 ff.). Bei uns gibt es sie nur getrocknet, und zwar in Asia-Food-Läden. Sie haben nicht den Duft der frischen Blätter.

ESSIG

Wie gut Ihnen Ihr Salat gelingt, das hängt entscheidend mit von dem Essig ab, den Sie verwenden. Nehmen Sie darum niemals einen billigen Branntweinessig, sondern einen hochwertigen Weiß- oder Rotweinessig, den es auch mit Kräutern aromatisiert gibt (z. B. Estragonessig, Himbeeressig). Besonders feine Spezialitäten: Sherryessig (aus Sherry) und Balsamessig (aus speziellen Trauben, bis zu 20 Jahren gereift). Besonders gesund: Obstessig aus dem Reformhaus.

FINES HERBES

Die Kräuterkombination aus der feinen französischen Küche besteht aus Petersilie, Schnittlauch, Kerbel und Estragon. Für Eiergerichte, helle Saucen zu Fisch oder Geflügel und Kräuterbutter.

GALGANT

Dem Ingwer verwandte Wurzel, im Aroma dem Ingwer ähnlich, mit einem Hauch Senfschärfe dazu. Wird vor allem in der indonesischen, koreanischen und thailändischen Küche verwendet.

GLUTAMAT

Das aus pflanzlichem Eiweiß gewonnene Salz, das z. B. in der Chinaküche verwendet wird, hat keinen Eigengeschmack, verstärkt aber das Aroma anderer Zutaten. Es ist darum in vielen billigen Fertiggerichten und Würzmischungen enthalten. Wer hochwertige und frische Zutaten verwendet, kann gut auf Glutamat verzichten.

HARISSA

Die höllisch scharfe Paste aus zerstampften frischen Chillies, Knoblauch und Pfeffer stammt aus den arabischen Ländern. Paßt z. B. in Ragouts, Reisgerichte und zum Fondue.

HONIG

Die alternative Küche schwört auf ihn als vollwertigen Ersatz für den raffinierten weißen Zucker. Allerdings: Der meiste Honig hat einen intensiven Eigengeschmack, was das Aroma feiner Desserts beeinträchtigt. Nehmen Sie darum zum Süßen am besten Kleehonig, der einfach nur süß schmeckt.

KÄSE

Käse ist eine ausgezeichnete Würze für Nudeln, Suppen, Saucen und Pizzen. Besonders würzig: Hartkäse wie Gruyère, Pecorino oder Parmesan. Aber immer zwei Regeln beachten: Wenn Käse mit ans Gericht soll, sparsam mit Salz sein. Und Käse immer frisch gerieben verwenden.

KAKAO

Das aromatisch-bittere Pulver, das aus Kakaobohnen gewonnen wird, würzt nicht nur Schokolade, Pralinen oder die Mousse au Chocolat, in seiner Heimat Mexiko gibt man Kakao auch an pikante Gerichte, z. B. an geschmortes Huhn oder Kaninchen.

WOMIT MAN SONST NOCH WÜRZT

KALMUS

In früheren Zeiten, als Ingwer bei uns noch rar und teuer war, wurde die Wurzel der schilfähnlichen Staude wie Ingwer verwendet: Kandiert oder getrocknet kam sie vor allem an Süßspeisen und Gebäck. Bei uns wird Kalmus heute nur noch bei der Liqueurherstellung und in der Naturmedizin gebraucht.

KAPUZINERKRESSE

Die einjährige Sommerblume stammt ursprünglich aus Lateinamerika und ist nicht mit unserer heimischen Kresse verwandt. Aber ihre Blätter und ihre leuchtenden Blüten schmecken kresseähnlich. Die Blüten sind eine aromatische Garnierung für Salate, die Blätter kann man wie Gartenkresse verwenden (vgl. S. 78 ff).

KASSIA

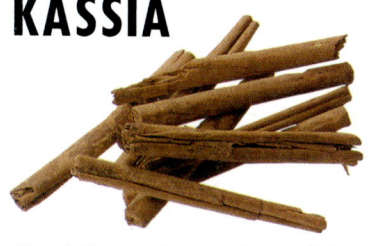

Geschälte und getrocknete Rinde des chinesischen Kassiabaumes, der dem Zimtbaum verwandt ist. Er wird darum auch oft als Chinazimt bezeichnet. Kassia ist gröber in der Rinde und wesentlich schärfer und derber im Aroma. Da er preiswerter ist, wird er manchmal gemahlenem Zimt beigemischt. In der asiatischen Küche verwendet man ihn zum Würzen von Currys und pikanten Fleischgerichten (vgl. S. 173 ff).

KNOLAU

Kreuzung aus Knoblauch und Schnittlauch. In Sämereien wird sein Same unter „Knolau" geführt, auf dem Markt wird er auch als Schnitt-Knoblauch angeboten. Schmeckt nach frischem Knoblauch und paßt an Quark, Mayonnaisen, an Salate und Eiergerichte. Langes Erhitzen bekommt ihm nicht. Sein ganz großer Vorzug: Wer ihn ißt, bekommt keinen Knoblauchatem.

KREUZKÜMMEL

Dem Kümmel ähnlicher Samen eines Doldenblütlers, der überall in den heißen Ländern angebaut wird. (Sein bot. Name ist Cuminum cyminum.) Sein unverwechselbares Aroma, das entfernt an eine Mischung aus Zitrone und Nelken erinnert, ist in vielen Küchen beliebt, in Mexiko ebenso wie in Indien, Indonesien und im arabischen Raum. Er gehört an Currys, ans Chili con Carne, er schmeckt zu Auberginen, Kichererbsen und zu Linsen.

KURKUMA

Die dem Ingwer verwandte Wurzel gedeiht überall in den Tropen. Sie ist leuchtend gelb, schmeckt aber erdig und dumpf. Lassen Sie sich darum nicht verleiten, auf arabischen Märkten gelbes billiges Kurkumapulver als „Safran" zu kaufen, oder gemahlenen Kurkuma, den man auch hier kaufen kann, und als Safranersatz an feine Gerichte zu geben. Das Ergebnis wäre verheerend. Zusammen mit anderen kräftigen exotischen Gewürzen, zum Beispiel im Curry oder in der südindischen Gemüseküche, ist er seiner Farbe wegen durchaus angebracht.

LAVENDEL

Zum Würzen nimmt man in der Provenceküche nur seine herb-bitteren Blätter, z. B. zu Lammbraten und zu Steaks. Aber nur in Minidosen, sonst schmeckt das Gericht seifig! Besonders aromatisch: Lavendelzweige ins Grillfeuer legen.

LIMETTEN

Der Saft der Limetten gleicht im Aroma dem ihrer gelben Verwandten, der Zitrone. Was die kleinen exotischen Zitrusfrüchte zum Würzen so interessant macht, ist ihre Schale, die wie eine Mischung aus Zitrone, Tannennadeln und Waldmeister schmeckt. Man verwendet Limettenschale genau wie Zitronenschale (vgl. S. 189).

MACIS

In Gewürzbüchern finden Sie für Macis auch die Bezeichnung „Muskatblüte". Das ist falsch. Macis wie Muskat sind Teile einer Steinfrucht. Muskat ist der Kern, der im Muskatfrucht-Stein steckt, Macis die getrocknete Samenschale, mit der der Stein überzogen ist. Macis schmeckt ähnlich wie Muskat, ist aber eleganter im Aroma (vgl. dazu S. 106 ff).

MANDELN

Die nussig-milden Kerne des Mandelbaums sind nicht nur Würzzutat für Marzipan, Gebäck und Pudding, sie schmecken auch an fruchtigen Salaten und gehören vor allem in der Küche Asiens an viele salzige Gerichte. Wichtig: Ihr Geschmack wird noch intensiver, wenn Sie die Mandeln vorher ohne Fett bei milder Hitze leicht anrösten.

MOHN

Unser schwarzer Mohnsamen und Heroin werden aus derselben Pflanze gewonnen, dem Schlafmohn. Heroin stellt man aus dem Milchsaft der unreifen Samenkapseln her. Mohn ist der vollausgereifte Samen. Mit Mohn würzt man Brot und Gebäck. Er schmeckt aber zum Beispiel auch an Nudeln. Gerösteter, gemahlener Mohn ist in der indischen Küche ein aromatisches Saucenbindemittel.

NÜSSE

Egal, ob Sie Nüsse zum Würzen von Gebäck, Desserts, Salaten, Nudeln oder Gemüse verwenden: Denken Sie immer daran, daß alle viel Fett enthalten und schnell ranzig werden. Darum Nüsse schnell verbrauchen. Nur vakuumverpackte Ware nehmen, wenn das Rezept zerkleinerte Nüsse vorschreibt. Noch besser: Nüsse selbst durch die Mandelmühle drehen. Außerdem: Durch leichtes Anrösten bekommen alle Nüsse ein noch intensiveres Aroma.

OLIVEN

Die in Salzlake oder Öl eingelegten Früchte des Ölbaums verwendet man in der Mittelmeerküche zum Würzen von Kaninchen, Huhn, Tomaten, Auberginen oder Fisch. Kaufen Sie zum Würzen Oliven mit Stein, die haben mehr Aroma als die entsteinten.

ORANGEN

Die fein abgeriebene Schale der Orangen gibt man nicht nur an Cremes und Kuchen, sondern auch an pikante Saucen, z. B. zu Ente à l'Orange. Da die meisten Orangen mit Dyphenil behandelt sind, die Früchte vor dem Reiben immer gründlich heiß abwaschen!

PILZE

Mit Pilzen kann man vielen salzigen Gerichten ein besonderes Aroma geben. Der feinste und teuerste: die Trüffel. Aus Spaghetti oder einem Risotto wird ein Festgericht, wenn man ein paar hauchdünne frische Trüffelscheiben darüberhobelt. Preiswerter, aber auch sehr aromatisch: getrocknete Morcheln oder Steinpilze, die in Kartoffelsuppen und -gratins ebensogut passen wie in Sahnesuppen oder Kalbragouts. Für Gerichte mit fernöstlichem Touch: der Shiitake-Pilz.

PIMENT

Ganz aus der Mode gekommen: die Beeren des Piment- oder Nelkenpfefferbaums aus Südamerika, die wie eine Mischung aus Nelken, Pfeffer und Muskat schmecken. Sie gehören z. B. an Wildbeizen, an Heringsmarinaden oder kräftige Brühen.

PORTULAK

Die dickfleischigen, frisch und leicht salzig schmeckenden Portulak-Blätter schmecken als Salatzutat ebenso wie in Kräutersaucen und Kräuterquark und über Gemüse. Nie mitkochen lassen!

PROVENCEKRÄUTER

Fertigmischung getrockneter Kräuter z. B. aus Thymian, Bohnenkraut, Lavendel, Oregano und Basilikum. Zum Würzen von Grillfleisch und Lammbraten.

RAUKE

Die angenehm bitter schmeckenden jungen Raukeblätter werden in Frankreich und Italien schon seit langem als würzige Salatzutat geschätzt. Bei uns kommen sie auch allmählich in Mode.

ROSA PFEFFER

Er hat seinen Namen zu Unrecht, denn er gehört nicht zur Pfefferfamilie, sondern ist der Same eines Efeugewächses aus Peru und schmeckt ähnlich wie Wacholder. Gesundheitlich ist er außerdem nicht unbedenklich.

WOMIT MAN SONST NOCH WÜRZT

SALZ

Ohne Kochsalz kommt kaum ein Gericht aus, selbst süßen Desserts bekommt eine Prise. Nur: Wir nehmen in der Regel mehr davon, als unserer Gesundheit und dem Aroma feiner Zutaten gut tut. Darum: viel mit Kräutern würzen. Die in ihnen enthaltenen Salze machen Kochsalz entbehrlich. (Und einfaches Salz durch Kräutersalz ersetzen.)

SAMBAL

Ursprünglich stammt die Paste aus zerstoßenen Chilischoten aus der indonesischen Küche, sie wird aber inzwischen in vielen asiatischen Ländern gebraucht. Am gebräuchlichsten ist das Sambal oelek, das auch in jedem Chinarestaurant auf dem Tisch steht. Sambal oelek besteht nur aus Chillies. Andere Sambals enthalten zusätzlich noch andere Gewürze, Sambal manis zum Beispiel u.a. Muskat, Sambal badjak u.a. Pfeffer, Koriander und Nelken.

SAUERAMPFER

In der französischen Küche und von unseren Spitzenköchen wird die herbfrische Säure seiner jungen Blätter geschätzt. Sauerampfer schmeckt besonders gut als würzige Salatzutat in einer feinen Sahnesauce oder Hollandaise zu Lamm, Fisch oder zu Kalbfleisch.

SCHALOTTEN

Die dreieckigen kleinen Zwiebeln sitzen ähnlich wie Knoblauch büschelweise zusammen. Sie sind ein Muß in der feinen Küche, denn sie haben von allen Zwiebeln die feinste, eleganteste Schärfe. Sie gehören an Vinaigretten zu zartem grünem Salat und an Sahnesaucen zu Fisch oder weißem Fleisch.

SELLERIE

Bei uns bevorzugt man die Sellerieknolle zum Würzen von Suppen und Saucen. Sie ist Bestandteil unseres Suppengrüns. Feiner und frischer als die derbe Knolle ist der knackige Staudensellerie, darum auch besonders für frische Salate geeignet. Am würzigsten im Aroma: die Sellerieblätter, die im Sommer an der (dann noch kleinen) Knolle sitzen oder bundweise zu kaufen sind.

SENF

Paste aus gemahlenen Senfkörnern, mit den unterschiedlichsten Gewürzen versetzt. (vgl. S. 154 ff.)

SESAMSAAT

Sesam ist nicht nur einer der wichtigsten Öllieferanten, in vielen Ländern ist er auch Würzzutat. In der Levante z.B. macht man aus Sesam Tahina, eine Paste, die an Saucen und Ragouts kommt. In Thailand oder Korea streut man Sesam z.B. über Salate, Reis, Gemüse. Er schmeckt aber auch an europäischen Bratkartoffeln, als Kruste für Frikadellen oder in Brot, Waffeln oder Brötchen. Am besten entfaltet er sein Aroma, wenn er leicht angeröstet ist. Hellgelber geschälter Sesam ist am mildesten im Aroma.

SOJASAUCE

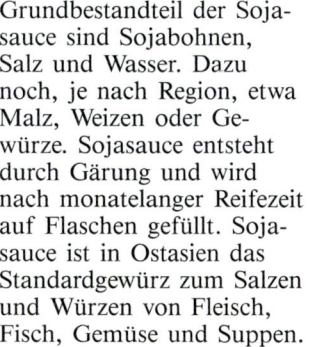

Grundbestandteil der Sojasauce sind Sojabohnen, Salz und Wasser. Dazu noch, je nach Region, etwa Malz, Weizen oder Gewürze. Sojasauce entsteht durch Gärung und wird nach monatelanger Reifezeit auf Flaschen gefüllt. Sojasauce ist in Ostasien das Standardgewürz zum Salzen und Würzen von Fleisch, Fisch, Gemüse und Suppen.

SPIRITUOSEN

Spirituosen geben vielen Gerichten den letzten Pfiff. Besonders fein für fruchtige Desserts: Obstbrände oder feine Fruchtliköre, die das Fruchtaroma betonen. Für Cremespeisen: Rum oder Weinbrand. Für salzige Gerichte am besten geeignet: Weiß- oder Rotwein, Sherry, oder Wermut, auch Weinbrand oder Portwein. Was Sie auch benutzen, für alle Spirituosen gilt: Sparsam dosieren, ein Zuviel kann den Geschmack der Speisen erschlagen. Immer die beste Qualität nehmen. Ein Gericht ist nur so gut wie der Wein oder der Cognac, den Sie zum Würzen genommen haben.

STREUWÜRZEN

Fertige Gewürzzubereitungen, hergestellt aus Glutamat, Salz und unterschiedlichen Trockengewürzen.

SUPPENGRÜN

Grundlage für alle kräftigen Brühen, Fonds und viele Schmorgerichte. Suppengrün besteht aus Sellerie, Möhren, Porree, im Winter auch aus Petersilienwurzel. Suppengrün gibt es abgepackt im Gemüseladen. Falls es nicht frisch aussieht, lieber alle Bestandteile einzeln kaufen.

SZECHUANPFEFFER

Die getrockneten roten Beeren heißen ihres würzig-scharfen Aromas wegen auch Anispfeffer. Mit dem Piper nigrum sind sie nicht verwandt, sie sind die Samen eines kleinen fedrigblättrigen Baumes (lat. Xanthoxylum pipesitum), der in China heimisch ist. In der chinesischen Küche werden sie solo und in Würzmischungen verwendet.

TABASCO

Die höllisch scharfe Sauce wird aus Chillies hergestellt und ist darum nur tropfenweise zu benutzen. Mit Tabasco würzt man ganz zum Schluß, wenn man ein Gericht durch eine pikante Schärfe im Hintergrund abrunden will. Tabasco paßt nicht nur an exotische Gerichte, sondern z. B. auch an Kalbsfrikassee, an Salate, an Tomatensaft und an Cocktails.

TAMARINDE

Aus der Hülsenfrucht des Tamarindenbaums gewinnt man eine Würzpaste, die im Aroma an eine Mischung aus Zitrone und säuerlicher Pflaume erinnert. Tamarindenmus wird vor allem in der fernöstlichen Küche verwendet, und zwar für süß-säuerliche, pikante Gerichte und für erfrischende Getränke.

TRIPMADAM

Zu Urgroßmutters Zeiten war die Verwandte unseres Mauerpfeffers ein beliebtes Gewürz für frische Salate. Heute findet man sie in der Regel nur noch im Steingarten, wo sie auch besser aufgehoben ist als im Kräutergarten. Denn im Aroma ist Tripmadam eher langweilig und fad.

WALDMEISTER

In letzter Zeit ist er in Verruf gekommen. Denn seine Blätter enthalten das krebsverdächtige Cumarin. Er darf darum nicht mehr zur Herstellung von Essenzen verwendet werden. Ein paar frische Blättchen in jedem Frühjahr, zum Beispiel zum Würzen der Maibowle, von Erdbeeren und Obstsalaten sind dagegen gesundheitlich unbedenklich. Wichtig: Waldmeister etwas anwelken lassen, bevor man ihn in die Bowle gibt und nicht länger als 10 Minuten ziehen lassen.

WÜRZÖLE

Auch ein neutral schmeckendes Öl ist wichtig für den Wohlgeschmack eines Gerichts: Es unterstreicht den Eigengeschmack der restlichen Zutaten. Daneben gibt es noch eine Vielzahl von Ölen mit intensivem Eigengeschmack, die Sie genau wie eine Würzzutat behandeln sollten. Da ist zum Beispiel das kaltgepeßte Olivenöl (extra vergine, besonders fein für Gerichte der Mittelmeerküche), Kürbiskernöl (dunkel und intensiv-würzig, für Salate), Haselnuß- und Walnußöl (mit feinem Nußaroma, für feines Gemüse und Salate) und Sesamöl (goldgelb, für die fernöstlichen Gerichte). Außerdem gibt es noch Öle, denen Kräuter und Gewürze zugesetzt wurden (vgl. auch S. 13). Alle diese Öle sollten Sie dunkel und kühl aufheben, nicht zu stark erhitzen und außerdem nicht solo, sondern in Mischung mit einem neutralen Öl verwenden, da ihr Eigengeschmack oft sehr dominierend ist.

YSOP

Kampferartig, leicht bitter schmeckendes Kraut, im Aroma an Minze und Thymian erinnernd. Bei uns so gut wie ganz aus der Mode gekommen. Es lohnt sich aber, Ysop wieder im Kräutergarten anzupflanzen. Denn es sieht dekorativ aus und schmeckt außerdem ausgezeichnet an Ragouts, an Kartoffel- und Hülsenfruchtsuppen, in Kräuterbutter und Mayonnaisen.

ZITRONE

Mit ihrem Saft würzt man fruchtige Desserts und feine Salate, Fisch und Krustentiere, feine helle Saucen für Fisch und helles Fleisch. Ein Spritzer paßt an feines Gemüse und an die Kräuterbutter. Mit der fein abgeriebenen Zitronenschale würzt man Kuchen und Gebäck, aber auch zum Beispiel kräftige Schmorgerichte der Mittelmeerküche. Wichtig: Die Schale muß vor dem Abreiben immer sorgfältig mit heißem Wasser abgewaschen werden.

ZITRONENBLATT

Die Doppelblätter der Kaffirzitrone haben ein wunderbar duftiges Zitronen-Aroma. Sie sind charakteristisch für die Küche Thailands und Indonesiens. Oft werden sie mit Zitronengras zusammen verwendet. Man bekommt sie getrocknet bei uns in Asia-Food-Läden.

ZITRONENGRAS

Unter dieser Bezeichnung faßt man verschiedene tropische schilfartige Gräser zusammen, die intensiv zitronenartig duften. Sie werden in der indischen Küche ebenso verwendet wie in der indonesischen und der Thai-Küche. Man verwendet die unteren weißen Enden, weniger das Blattgrün. Man läßt es entweder mitkochen, zum Beispiel in scharfem Hühnerragout oder in einer Muschelsuppe, oder gibt es feingehackt an Salate. Getrocknet gibt es Zitronengras inzwischen auch bei uns, und zwar in Asia-Food-Läden.

ZUCKER

Aus Zuckerrüben oder Zuckerrohr gewonnenes Süßungsmittel (Saccharose). In der Hauptsache ist reinweiß und einfach süß schmeckender raffinierter Zucker im Handel. Unraffinierter brauner Zucker hat einen malzartigen Beigeschmack.

REZEPT-REGISTER

Damit Sie jedes Rezept schnell wiederfinden, hier eine Aufstellung in alphabetischer Reihenfolge

A

Äpfel auf Nußmakronen mit
    Vanillesauce **166**
Äpfel auf Wacholdersahne **171**
Ananas-Ingwer-Konfitüre **56**
Angeldorsch in Pimpinelle-Buttersauce **137**
Anisbrot **16**
Antipasto von Austernpilzen
    in Lorbeer-Thymian-Vinaigrette **73**
Apfel-Birnen-Salat **111**
Apfel-Pflaumenkuchen mit Kardamom **63**
Apfeltoteletts **175**
Apfel-Zwiebel-Kuchen **84**

B

Bananen-Kalbfleisch-Spieße
    auf Curryreis **41**
Basilikum-Tarte **22**
Bohneneintopf, sommerlicher **97**
Bohnensuppe, frische **30**
Buchweizenpfannkuchen mit Räucherlachs
    und Meerrettichsahne **99**

C

Camembert in Majoran-Vinaigrette **96**
Carpaccio mit rohem Spargel **152**
Cashew-Frikadellen **120**
Champignons, lauwarme, mit Fenchel **53**
Champignons und Zucchini
    in Oregano-Vinaigrette **115**

D

Dill-Kartoffeln **44**

E

Eier in Kapern-Schnittlauch-Sauce **60**
Ente mit Mandel-Pflaumen-Füllung **113**
Enten-Pilaw, persischer **177**
Erdbeersalat
    auf Joghurt mit Vanilleeis **103**
Estragon-Gurken-Suppe, kalte **49**

F

Fenchel-Nuß-Brot **51**
Folienkartoffeln
    mit Meerrettich-Butter **100**
Frische Bohnensuppe **30**
Frühlingsgemüse
    in Petersilienbutter **125**
Frühlingsgemüse
    mit scharfer Kokossauce **105**
Frühlingsomelett **67**
Frühlingssalat
    in Pimpinelle-Vinaigrette **136**
Frühlingszwiebel-Rotzungen-Rolle
    mit Senfcreme **155**

G

Gänsekeulen
    mit Beifuß und Trauben **25**
Gefüllter Tortenbrie **48**
Gemüse in Dillsud **45**
Gepökelte Rinderbrust
    mit süß-sauren Zwetschgen **143**
Geschmorte Rippchen
    mit Thymian und Rosinen **159**
Grüne Nudeln mit Basilikum **221**
Gurkenrelish mit Matjesfilets **35**
Gurkenscheiben, süß-saure,
    mit Sternanis **17**

H

Hackfleischbällchen mit Currysauce **39**
Hähnchenbrust mit Anis-Erdnuß-Sauce **15**
Hähnchencurry mit Cashewkernen **40**
Hähnchenkeulen
  in Kapern-Tomaten-Sauce **59**
Hot Irish **112**
Hühnerpilaw **64**
Hühnersuppe mit Curry und Kokosmark **38**
Hummerkrabben mit Ingwer
  und Frühlingszwiebeln **57**

I

Irish, Hot **112**
Italienische Rosmarin-Ente **139**

K

Käse-Kartoffeln, überbackene **68**
Käsesuppe mit Schnittlauch-Croûtons **151**
Kalbsbrust mit Petersilienfüllung **127**
Kalbsgulasch in Oregano-Sauce **117**
Kalbshaxe mit Tomaten und Liebstöckel **87**
Kalbsleber mit Lorbeer
  und Balsamtomaten **91**
Kalte Estragon-Gurken-Suppe **49**
Kaninchen mit Koriandergrün **77**
Kartoffelgratin mit Liebstöckel **89**
Kartoffel-Möhren-Pfanne **27**
Kartoffeln, neue, in Kräuteröl **71**
Kartoffelpfanne, sardische **141**
Kartoffelragout mit Kressesauce **81**
Kartoffelsuppe **135**
Kartoffelsuppe mit Borretsch **34**
Kartoffel-Tomaten-Salat **29**
Kasseler-Schmorgurken-Eintopf **43**
Knoblauchhuhn **72**
Kompott, sommerliches, mit Lorbeer **92**
Kopfsalat mit Avocado
  und Lachsschinken **132**
Koriander-Fladenbrot mit Quark **76**
Korianderkartoffeln aus dem Ofen **75**
Kresse-Sandwich **80**
Kümmelstangen **83**

L

Lamm-Chili **119**
Lammrücken-Filet
  mit Estragon-Butter-Sauce **47**
Lauwarme Champignons mit Fenchel **53**
Leberknödel-Suppe **162**
Leberpastete mit Wacholder **170**
Leberwurst mit Majoran **95**
Lebküchle **65**
Ligurischer Risotto mit Borretsch **33**

M

Melissen-Lamm mit Erbsen **179**
Milchreis mit Kirschkompott
  und Minz-Mandel-Sauce **104**
Möhrencurry **37**
Möhren in Kerbelsahne **69**
Möhrenpuffer **174**

N

Neue Kartoffeln in Kräuteröl **71**
Nudeln, grüne, mit Basilikum **21**

O

Omelett mit Pfifferlingen **133**

P

Paprika-Auflauf **122**
Paprika-Sauerkraut-Eintopf **85**
Persischer Enten-Pilaw **177**
Petersilienknödel **128**
Petersiliensauce **126**
Pfifferlinge mit Spätzle **181**
Pizza mit Mozzarella
  und Oregano **116**
Pochiertes Rinderfilet
  mit Basilikum-Vinaigrette **23**
Polenta mit Salbeibutter **149**
Putenbrust in Zitronen-Marinade **123**

Q

Quarktarte mit Melissen-Gelee **178**

R

Rhabarbertarte mit Muskatstreuseln **107**
Rinderfilet
   auf Wacholder-Holunder-Sauce **169**
Rinderfilet, pochiertes,
   mit Basilikum-Vinaigrette **23**
Rippchen, geschmorte,
   mit Thymian und Rosinen **159**
Risotto, ligurischer, mit Borretsch **33**
Rosmarin-Ente, italienische **139**
Rotbarsch mit Tomaten **121**
Rote Bete mit Meerrettich-Sauce **101**

S

Safranhirse mit Meeresfrüchten **145**
Salbeibrot **148**
Sardische Kartoffelpfanne **141**
Sauerfleisch in Beifußgelee **26**
Schneidebohnen in süß-saurer Sahne **31**
Schnittlauch-Mayonnaise **153**
Schweinefilet in Ingwer-Marinade **55**
Schweinefilet
   mit Senfblüten und Senfkörnern **157**
Seeteufelfilet
   mit italienischem Bohnengemüse **61**
Senfkorn-Schnittlauch-Sauce **156**
Sommerlicher Bohneneintopf **97**
Sommerliches Kompott mit Lorbeer **92**
Spaghetti mit Salbei und Eigelb **147**
Spanferkelkeule mit Fenchel **52**
Spargelcremesuppe **108**
Spargel und neue Kartoffeln
   in Pfefferbutter **131**
Spinat mit Zitronensauce **109**
Steckrüben-Püree **88**
Steinbutt-Consommé **144**
Stifado **173**
Süß-saure Gurkenscheiben
   mit Sternanis **17**

T

Thymianfisch aus dem Ofen **163**
Tiroler Anisbrot **16**
Tomatensalat
   mit Basilikum-Vinaigrette **19**
Tomaten-Zucchini-Gemüse
   mit Basilikum **20**
Tortenbrie, gefüllter **48**

U

Überbackene Käsekartoffen **68**

V

Vanillecrêpes
   mit Eis und Weinbrandbirnen **165**
Vanillestrudel mit Orangensauce **167**
Vegetarische Vollkornpizza **140**
Vollkorn-Nudeln
   mit Kresse-Mayonnaise **79**
Vollkornpizza, vegetarische **140**

W

Wildschweinrücken mit Lorbeer **93**

Z

Zucchini und
   Champignons in Oregano-Vinaigrette **115**
Zwiebelbrot **183**
Zwiebelrostbraten **182**